還流する魂

還流する魂《マブイ》

世界のウチナーンチュ120年の物語

三山　喬

岩波書店

はじめに　響き合う「ウチナーンチュ・コール」

南国のまぶしい陽光の下、沖縄観光のメインストリート・那覇市国際通りの沿道は、パレードをひと目見ようとする群衆で埋め尽くされていた。

ハワイアンやジャズ、サンバなど、参加団体それぞれが〝ご当地音楽〟とともに賑やかに通り過ぎてゆく。

五年に一度、沖縄にルーツを持つ世界各国の人々が一堂に会し、県民と交流する「世界のウチナーンチュ大会」。二〇一六年十月の第六回大会には、計二十八の国と地域から過去最多、約七千三百人の〝海外ウチナーンチュ〟が参集した。国際通りのパレードは開幕前日のプレイベントだが、人々はすでにカーニバルさながらの熱気のなかにいた。

ハワイからの訪問団はアロハやムームーに揃いのレイ、テキサスの男性陣はカウボーイハットで決めている。トゲ付きの被り物で「自由の女神」に扮した一群はニューヨークの県人会、ブラジル勢は揃いの黄色のTシャツで、サッカーの応援団を思わせる。ペルーの隊列では、何組もの少年少女が純白の衣装を着て民族舞踊「マリネラ」を踊っている。

「おかえりー!」

世界各国から7000人以上が集まった第6回世界のウチナーンチュ大会(2016年10月30日，筆者撮影)

「ウェルカムバック！」
沿道からはひっきりなしに歓迎の声が飛ぶ。もしかすると何十年ぶりの帰郷なのか、車椅子で行進する高齢の一世には、涙ぐむ人もいた。五輪にたとえるなら開会式の入場行進でなく、自由に入り乱れる閉会式だろう。パレードの参加者はしばしば隊列を乱し、見知らぬ沿道の参観者とハイタッチやハグ、記念撮影を交わしていた。

日本がまだ貧しかった明治期から高度成長期にかけ、全国から何十万もの人々が移民として新大陸やアジア諸国へと旅立った。そんな歴史も遠く霞んでゆくなかで、ここ沖縄では、海外移民の末裔と一般県民が今日でも、強いつながりを確かめ合っている。全国でただ一か所、沖縄でしか見られない光景だ。

私には十余年前まで六年ほどペルーに住み、南米全体をフィールドに取材活動をしていた時期がある。日本人移民や日系社会にも詳しいつもりでいたのだが、噂に聞くウチナーンチュ大会の熱気とスケールは、想像をはるかに超えていた。

沖縄の海外移民は、いわゆる「日本人移民」とは別個の存在だ――。

恥ずかしながら初めてそう気づいた。

ペルー在住時は、その初期に日系社会の現地紙『ペルー新報』で働いたし、ブラジルやボリビアの日本人移住地にも通ったものだった。それでもいま振り返ると、あのころの私は、沖縄をルーツとする二世、三世と、それ以外の〝本土系〟の違いを明確に認識しなかった。

戦前の沖縄では、県民の「十人にひとり」が海外移民となり、その比率は国内で群を抜いて高かった。とくにペルーでは日本人移民の六〜七割が沖縄出身者で、私の周囲にも沖縄の姓を持つ人が何人もいた。にもかかわらず、当時は他県をルーツとする人々と十把一絡げに、「日系人」と見ていたのだ。

舞い降りた直感

もはやその大半がスペイン語しか話せない南米の末裔が、父祖の故郷・沖縄の土を踏み、全身で喜びを表現する。そんな光景は想像もしなかった。

彼らの心情に気づけなかったのは、私がヤマトンチュだったせいもある。その特別な情感は、彼らの父祖とその同郷者だけが分かち合ってきた苦難の記憶と不可分に違いないからだ。

私はパレードを歩くペルーの隊列に、会えば挨拶をする程度の間柄だった顔見知りの男性を見つけた。『ペルー新報』とはまた別のコミュニティ紙を発行する二世だった。

「おおー、久しぶりだね」

沿道に私を認識した彼は、驚いたように手を振ってきた。どこか他人行儀な感じもした以前とはまるで違う開放的な笑顔だ。〝ただの顔見知り〟に過ぎなかったヤマトンチュが、いつの間にか沖縄に興味を持ち、ウチナーンチュ大会にまで足を運んでいる。そんな意外さに、私へのイメージが変わったようだった。

事実、ここ二年ほどの間に私は変わっていた。

二〇一四年の沖縄県知事選で、保守政治家の翁長雄志《おながたけし》が〝反辺野古《へのこ》〟を掲げて当選した。以来、その背景を探る長期取材のため、数か月単位の沖縄滞在を繰り返してきた。文献資料にも山のように目を通し、この島の独自の現代史をそれなりに知るようになった。

南米で見聞きした移民関係の話はすでに一冊の本にまとめ、そのテーマには区切りをつけたつもりでいた。移民をめぐる祭典・ウチナーンチュ大会を覗きに行ったのも、沖縄問題を追う取材中たまたま日程が空き、それを利用しただけのことだった。

しかし、その軽い気持ちの〝大会見物〟で、私は驚嘆すべき光景と出会うことになる。南米在住時の自らの不明に不甲斐なさを覚えつつ、それ以上に新たな興奮を覚えたのだ。

沖縄という土地にしか見られない移民の末裔と県民との絆。そのことが持つ深い意味合いは、移民と沖縄双方の歴史を知る者にしかおそらく読み解けない。本土と沖縄の今日を掘り下げる新たな視座にもなるはずだ。そんな直感が舞い降りてきたのである。

初期の移民からはすでに約百二十年の歳月が過ぎ去った。移住先でも故郷でも世代交代が進んでいる。その昔、離別を悲しんだ親族も、孫の代になれば〝外国人同士〟だ。それでも沖縄には、互いを引き寄せる〝同胞意識〟がある。父祖伝来の歴史感覚や文化、情念を共有するアイデンティティーと言い換えてもいい。

大会期間中、市内のタクシー運転手はイベントによる渋滞を迷惑がるどころか、「移民のみなさんはどれほど苦労されたことか」と来訪者に思いを寄せ、飲食店主なども口々に「ふるさとを楽しんでいってほしい」と語っていた。

南米にいたころは、日本から引き揚げた〝デカセギ体験者〟に「日本は冷たい国だった」と、繰り返し失望を聞かされてきた。それだけに、沖縄に残る〝同胞愛〟の温もりは、とりわけ印象的だった。

海外での結束も、沖縄系の人々は格段に強い。第六回大会に参加したハワイ三世で、ハワイ大学沖縄研究センター所長の知念ジョイスはこう説明した。

「沖縄の場合、飢餓などでやむにやまれずに故郷をあとにした「ディアスポラ」（離散した民）という意味合いが本土の移民より強いのです。移住した先の日本人社会でも、沖縄出身者には差別がありました。そのことがどの国でもウチナーンチュ同士、身を寄せ合う力になっていったのです」

興奮が渦巻いた閉会式

四日間のウチナーンチュ大会は、沖縄セルラースタジアム那覇を主会場に開かれた。空手の演武祭や三線《さんしん》の大演奏会、ゲートボール大会、各種展示、シンポジウムなど、無数のイベントが用意され、市町村レベルでも歓迎会が催された。スタジアムの周囲には、海外の軽食や沖縄料理を楽しめる屋台が軒を連ね、連日、大勢の来場者でにぎわった。

県立図書館は「移民一世ルーツ調査」のブースを設置した。このサービスで沖縄に住むいとこやまたいとこと初めて対面した海外参加者もいた。

クライマックスは最終日の閉会式。スタジアムのスタンドには海外組と県内勢がほぼ半々、約一万五千人のウチナーンチュがひしめいた。

　二人はたくさん　働いた
わき目もふらず　働いた

やがて三線　鳴りやんだ
やがて三線　鳴りやんだ
夜空ン星に　登りました

（青山るみ作詞）

アルゼンチン二世の演歌歌手・大城バネサがステージで歌い上げる『三線のかほり（移民の唄）』に、スタンドの高齢者が涙ぐむ。

やがて大会実行委員長の翁長知事が登壇し、「沖縄を愛するすべての人々が、ウチナーンチュが、心をひとつにすることを祝福し、ウチナーンチュであることを心から誇りに思うことを願います」と挨拶した。南米三世ふたりの提案を受け、この閉会式当日、十月三十日をもって「世界のウチナーンチュの日」と定めることも宣言した。

「いっぺーにへーでーびる」
「サンキュー・ヴェリーマッチ」
「ムチャス・グラシアス」
「ムイント・オブリガード」
「島言葉《しまくとぅば》」（沖縄方言）や各国語で知事がひと言ずつ謝辞を発すると、そのたびに、スタンドに陣取る参加者が大歓声を上げる。やがてスタジアムは、割れんばかりの「ウチナーンチュ・コール」に包まれていった。

キーワードは「沖縄アイデンティティー」。それだけをシンプルに確かめ合う祭典に、これほどの大群衆が興奮の渦をつくる。部外者はその熱気に圧倒されるばかりだ。

一方で私は、この「アイデンティティー」という言葉が内包する別のニュアンスも感じ取っていた。辺野古問題で翁長が繰り返し口にする「イデオロギーよりアイデンティティー」というスローガンを連想したのである。

もともと自民党沖縄県連の中心的立場にいた翁長は、過重な基地負担の解消を目指すため、保守・革新の区別なく団結を呼びかけた。最近の沖縄では、そんな政治的な文脈でも、「アイデンティティー」の言葉が使われるようになっていた。

もちろん、親睦の祭典・ウチナーンチュ大会では、政治色は徹底して排除されていた。知事をはじめ誰ひとり、政治的な話題に触れはしない。現実にはさまざまな主義主張が混在し、海外のウチナーンチュも日本の国内政治とは距離を置こうとするためだ。

それでも沖縄の過去と現状にある程度通じた人ならば、アイデンティティーの言葉の陰にある〝対ヤマト〟のニュアンスをどうしても想起する。

たとえば大会から二年ののち、二〇一八年九月の知事選に前衆議院議員・玉城デニーが立ち、急逝した翁長の後継候補として、政権が推す候補に勝利した。選挙期間中、デニー支援者の一部の間では、ウチナーンチュ大会の光景を素材とするSNS動画が拡散した。〝政権との戦い〟に打ち勝つため、沖縄アイデンティティーを鼓舞するものだった。

海外に出た移民の足取りを振り返ってみた場合も、沖縄出身者が団結した背景には〝対ヤマト移民〟の感情が常に存在した。大会に集まった海外ウチナーンチュの感覚にも、そのニュアンスを理解する下地がなかったとは言えないのだ。

大会期間中、関連イベントで知り合った琉球大学法文学部教授（現・名誉教授）の金城宏幸も私と同意見だった。

バスク地方との共通点

「ウチナーンチュ大会の高揚は、その底流に人々の政治的な意識につながるものがある。私もそう思っています」

海外からの大会参加者は第一回(一九九〇年)の約二千四百人から三倍以上に増え、会場の熱気も回を追うごとに高まっている。金城はとくに前回の第五回大会から人々の意識に〝うねりのような高揚〟を感じるようになったという。

彼はこんな話もしてくれた。

ウチナーンチュ大会と瓜ふたつのイベントが、スペインにもあるというのである。開催地は北部バスク地方。そこには古来、独自の言語や文化があり、フランシスコ・ザビエルの故郷としても知られている。前世紀には、住民の民族運動が迫害の対象となり、スペイン内戦時にドイツ軍によるゲルニカ爆撃に遭ったほか、フランシスコ・フランコの独裁政権にも抑圧され、数多くの人々が移民として国外に流出した。スペインの民主化以後、自治州の地位を得て平穏にはなったが、長年の武力闘争やテロの経緯もあり、自治権や独立をめぐる問題は今日もなお課題であり続けている。

そんなバスクの祭典は、「世界バスク系コミュニティ会議」だ。一九九五年から四年ごとに開催され、世界各国の同胞がルーツの地で連帯を確かめ合っている。

バスク人はアイデンティティーの象徴として言語の伝承にも努めていて、この点でも、島言葉の復興に取り組む沖縄と類似性がある、と金城は指摘する。

「バスクと比べると、沖縄の活動では目的が明確に意識されていませんが、それでも自分たちの言葉を守り、ネットワークを強化する動きは驚くほど似ています。近年〝日本人化〟が進んでいる沖縄の若い人たちも、海外ウチナーンチュとの出会いには新鮮な刺激を受けています」

多少強引につなげるなら、この私もヤマトンチュでありながら、大会に〝新鮮な刺激〟を受けたひとりである。

この第六回大会と遭遇したことをきっかけに、沖縄移民史の企画を思い立ち、翌夏から月刊『世界』で「それぞれの出ウチナー記――海を越えるアイデンティティー」というタイトルの連載を始めた。

本書はこの連載を加筆・修正した作品だ。

明治以来、約百二十年に及ぶ沖縄移民史を編年体で網羅した〝通史〟ではない。独立した十篇の物語から成るオムニバスである。それぞれの「物語」はハワイやフィリピン、ブラジルなど異なる国々を舞台とし、扱っている時代も戦前から戦後、現代に至るまでバラつきがある。

それでもこの十の物語を読み通してもらえれば、それらがすべて一本の大河を形づくることが見えてくるはずだ。二〇一六年十月、国際通りに立ちあのパレードを目撃したときの私の感慨も、理解してもらえると思う。

混乱を招きがちな用語の説明もしておきたい。ひとつは移民・移民社会、日系人・日系社会という表現のことだ。あくまで個人的な感覚だが、少なくとも青年期以降、海外に移り住んだ人はどんなに日本を離れて久しくとも、大半は「日本人」という自己認識を失わない。「日系人」「日系一世」という呼称はしっくりこないのだ。

よって本書で「日系」と呼ぶ場合は、あくまで二世以下を指すことにする。彼らが多数派を占める昨今のコミュニティは「日系社会」、初期移民から一九八〇年前後にかけ、一世が指導的立場にいたコミュニティは「移民社会」である。

これに対し、「ウチナーンチュ」は、一世も二世以下も区別しない表現とした。同義語として「沖縄人」という言い方もする。異人種間の結婚で生まれたハーフであれクォーターであれ、本人に自覚さえあれば国籍とは無関係に「ウチナーンチュ」「沖縄人」とする。それが沖縄の人々の感覚に近いと思うからだ。

日系人のなかで一世が沖縄出身か本土出身かで区別する場合は、それぞれを「沖縄系」「本土系」とする。沖縄の地元紙では「県系人」という言葉も使われている。

ほかにも派生的な表現が出てくるが、以上の説明で概ね理解できるはずだ。

現代の日本に暮らす大半の人にとって、遠い日の「移民」など自分とは無関係な存在に思えるかもしれない。本土在住者が沖縄移民を考える際はなおさらであろう。

しかし〝彼らの物語〟は紛れもなく日本の近現代史を構成する一部である。移民たちの集団的体験には特異性も多々あるが、だからこそ今日に続く沖縄と本土の関係を理解する重要な手がかりが浮かび上がる。本書がそんな〝気づき〟の一助となれば幸いである。

目　次

目次

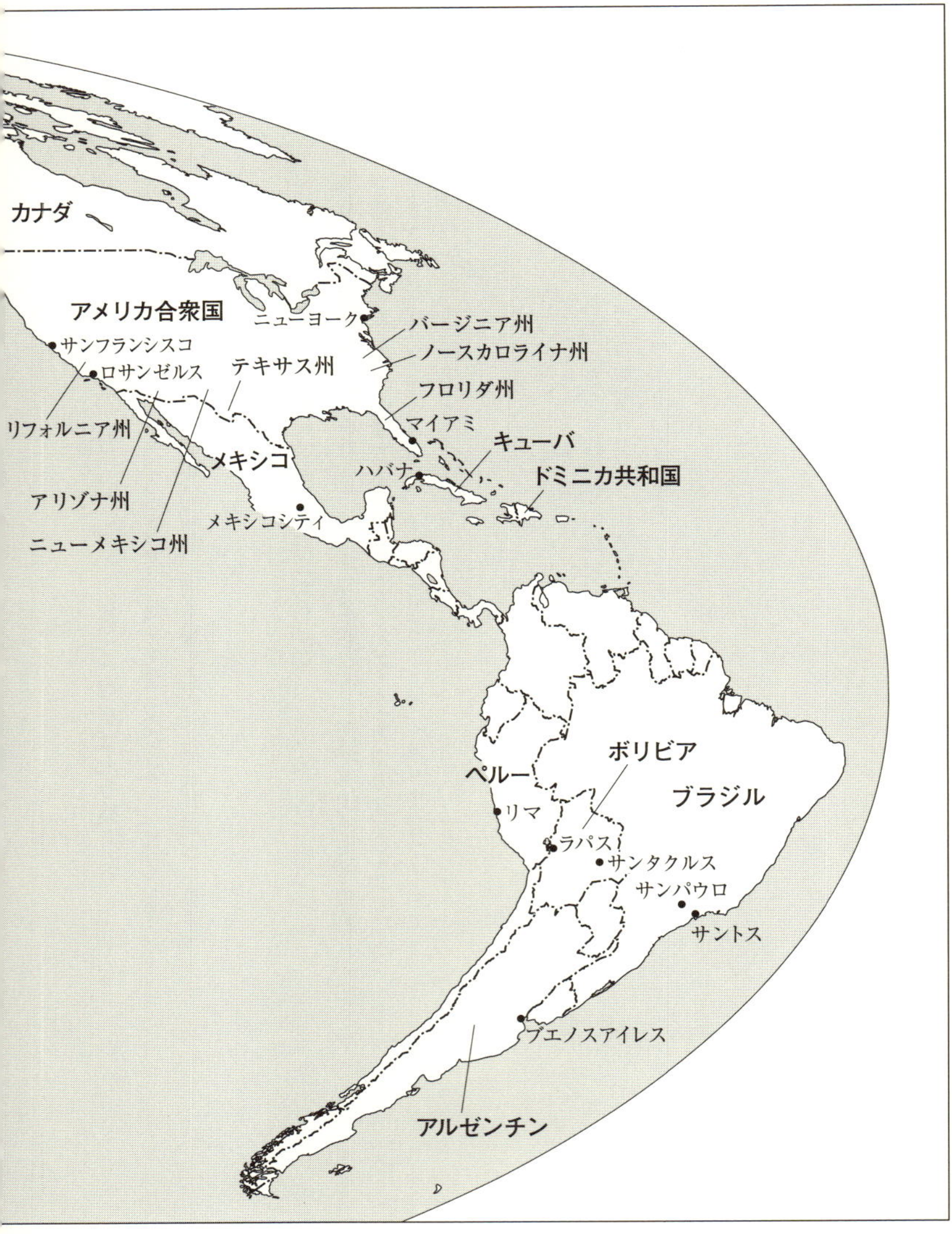

カナダ
アメリカ合衆国
ニューヨーク
バージニア州
ノースカロライナ州
サンフランシスコ
ロサンゼルス
テキサス州
フロリダ州
リフォルニア州
マイアミ
キューバ
メキシコ
ハバナ
ドミニカ共和国
アリゾナ州
メキシコシティ
ニューメキシコ州
ボリビア
ペルー
ブラジル
リマ
ラパス
サンタクルス
サンパウロ
サントス
ブエノスアイレス
アルゼンチン

日本
沖縄
台湾
ハワイ諸島
オアフ島
ハワイ島
ホノルル
ルソン島
マニラ
パナイ島
サイパン島
フィリピン
イロイロ
ミンダナオ島
ネグロス島
ダバオ
シンガポール
カリマンタン島
(ボルネオ島)
ニューカレドニア

第1話 アメリカおじい
――自由民権運動の挫折と海外移民

キューバの国旗を手に国際通りを行進する金城艶子(2011 年 10 月，第 5 回世界のウチナーンチュ大会で．写真家・嘉納辰彦撮影)

いつもなら、路上にせり出して置かれている電飾スタンドが見当たらない。近づくと、店の外壁は二枚のシャッターに覆われていた。

約三か月ぶりの那覇市・栄町市場。戦後の闇市のように入り組んだ路地の街は、夕暮れとともに庶民的な飲み屋街にその姿を変える。

私が目指したのは「SUDAKA」という酒場だ。スペイン語で南米人を指す言葉は「sudamericano」だが、英語のジャパニーズがジャップになるように、旧宗主国のスペイン人が彼らを見下した「sudaca」という蔑称がある。来店者に差別主義者と誤解されない用心か、この店では綴りをさらに一文字換え、「C」を「K」にしている。

牛車が荷を運ぶ農村風景など、南米の暮らしを切り取ったモノクロ写真を壁に飾り、三卓のうちひとつは、山積みの新聞や雑誌、各種印刷物に常に占領されていた。

店主の名は、金城艶子《きんじょうつやこ》。若き日をアルゼンチンで過ごしたという一九四七年生まれの女性だ。二〇一五年の秋、この店を初めて訪れた私が、自分もまた南米ペルーにいたことを伝えると、彼女は途端にスペイン語に切り替え、私を値踏みするように質問攻めにした。

たいていの場合、客は私ひとりだった。ひとたび話し始めると、艶子の言葉はとめどなく溢れ出し、二、三十分間、最初のビールの注文さえ差し挟めないことも珍しくなかった。沖縄の政情からアルゼンチンの空手事情まで、その小さな体には、世に伝えるべき言葉が圧縮空気のように詰まっていた。

沖縄から世界各国に渡った移民の歴史を調べたい——。

私がそんな相談を持ち掛けたのは翌年の十一月。第六回世界のウチナーンチュ大会のほとぼりがまだ冷めやらぬころだった。

聞けば、国際通りのパレードには、彼女も参加していたという。アルゼンチンの一行に紛れ込んだのかと思いきや、資金難で団体参加を見送ったキューバ沖縄県人会の代理として、友人とふたりキューバ国旗を掲げ行進したのだった。

沖縄キューバ友好協会の代表。過去四十年近く、沖縄とラテンアメリカをつなぐ立場にいる彼女は、そんな肩書きも持つ人であった。

沖縄ならではの情熱的な祭典に衝撃を受けた私は、明治以来の日本人海外移民史から沖縄移民史だけを切り離し、その全体像をつかみたいと考えた。思いついてまだ数日、漠としたアイデアでしかなかったが、艶子は身を乗り出し、こんな助言をしてくれた。

「沖縄の移民史を知りたいなら、まず自由民権運動を学ばないとだめよ」

彼女は自分の生まれ故郷・今帰仁村《なきじんそん》の出身者に平良新助《たいらしんすけ》という先人がいて、明治時代、沖縄からのハワイ移民送出にかかわった立役者のひとりだったことを私に説明した。この人物は、艶子の大伯父にあたり、彼女は少女時代、晩年の新助からハワイでの苦労話を直接聞かされたという。

移民と自由民権運動という意外な組み合わせ、そして思いがけず身近にいた語り部の発見に私は興奮した。そして二〇一七年五月、二年余りに及んだ基地問題の取材に区切りをつけ、いよいよ移民史の調査に取り組むべく、「ＳＵＤＡＫＡ」に向かったのだった。

しかし、あろうことか店は市場から消えていた。

聞き歩くとひと月余り前、艶子は脳溢血で倒れ、入院してしまったという。再起は難しいらしく、店は友人や親族が片付けて家主に明け渡したあとだった。

翌日には入院先を見舞ったが、その眼差しはピクリとも動かず、宙を見つめたままだった。

彼女の友人の話では、体調に異変が現れたのは四月一日。名護市辺野古の米軍基地建設問題で、座り込み抗議が千日に達した節目の集会があった。艶子も那覇市から参加したのだが、その日から体調を崩し、しばらくして店で倒れてしまったという。病院で床に臥す彼女の胸中には、まだまだ語りきれぬ思いが渦巻いているように思えた。

やむを得ず私は、文献やネットの情報を糸口に、艶子の故郷・今帰仁村を訪ねてみることにした。

自由民権運動から派生した移民事業

村は沖縄本島の北部、西海岸に突き出した本部《もとぶ》半島にある。琉球王国が成立するさらに前、沖縄本島に三つの王国が分立した時代に北部一帯を統治した北山《ほくざん》王の居城跡が、世界遺産に指定されている。

半島北側の付け根から海沿いの国道を行くと、村役場を過ぎた右側に「平良新助翁生誕地」という看板があった。私はその角を折れ、越地《こえち》地区の公民館を訪ねた。

対応してくれたのは、大城茂樹という元教員。県レベルでは〝知る人ぞ知る歴史上の人物〟にとどまっている平良新助だが、ここ数年、地元では再評価が始まり、二〇一五年十一月、畑のなかの生家跡に銅像と記念碑が建てられた。大城はその顕彰事業の事務局長だった。

二十四歳のときハワイに発ち、その後米本土に渡った新助は一九五三年、七十七歳で帰国した。そして七〇年、九十四歳で大往生するまでの晩年をこの村で送った。

「私たちは子どものころ、〝アメリカおじい〟と呼んでいました。家の庭にはシークワーサーやグアバなど果物の木がたくさん植わっていて、子どもたちはこっそりこれを採り、食べていたものです。〝おじい〟に捕まると、座らされ、叱られる。「何でひとこと断らんか」という当たり前のことでしたが、私たちは怖い人だと思い込んでいました」

新助を顕彰する動きは数年前、越地自治会を中心に始まった。移民事業への貢献ももちろんだが、関係者の多くがそれ以上に意識していたのは、県民的愛唱歌『ヒヤミカチ節』を作詞した功績だという。「ヒヤミカチ」は、「えいっと勢いをつけて」という意味の島言葉だ。戦後、沖縄県民の再起・発奮を祈願して書き上げた詩に沖縄民謡の曲が付き、甲子園の応援ソングにも使われる名曲が誕生した。

大城は、公民館近くにある新助の生家跡に案内してくれた。台座の上にすっくと立つ真新しい像は高さ約百五十センチ。実際の身長もほぼ同じだったという。スーツを着て中折れ帽をかぶる小柄な老紳士は、生家の南方にある乙羽山を見つめている。

私は文献で得た知識から、青年期のケンカで齧《かじ》り取《と》られそうになったという右耳の傷跡を探したが、像にそこまでの再現はなかった。

故郷に戻り八十二歳になった新助は、乙羽山から海岸部に至るロープウェイの建設を思い立ち、一帯の村有地を三十年計画で貸してくれるよう大真面目で村役場に掛け合ったという。米寿の祝いをする申し出に、「年寄り扱いするな」と憤慨し、事実、九十歳になっても東南アジアを周遊旅行する体力を維持していた。

像を眺めつつ、その火の玉のような行動力を思うと、イメージはいつしか彼の妹の孫娘・金城艶子の姿にも重なっていった。

彼女の説明によれば、沖縄人のハワイ移住、そして新助自身のハワイ・北米への渡航は、自由民権運動から派生した出来事であった。生前の新助に聞き取りをした大里康永《おおさとこうえい》や、ハワイ在住の言論人だった湧川清栄《わくかわせいえい》らの著作に、その流れはまとめられている。

本土から遅れること約二十年、沖縄の自由民権運動は帝国議会開設から三年後の一八九三年に始まった。琉球処分による王国滅亡から数えると十四年後のことだ。それは主に、旧薩摩藩士の知事・奈良原《ならはら》繁《しげる》による強権的統治への抵抗運動であった。

先頭に立ったリーダーは、県職員の農業技師・謝花昇《じゃはなのぼる》。大多数の庶民が貧困にあえぐなか、集落の共有財産になってきた「杣山《そまやま》」(材木用の山林)の開発権を旧士族や鹿児島県出身の商人など特定の富裕層に分け与える新たな政策が、この男の義憤に火を点けた。

数年間、公然と知事批判を繰り広げた謝花は、九八年に県職員を辞し、その翌年、同志らと「沖縄倶楽部」という政治結社を立ち上げた。上京して知事交代を訴えたり、参政権獲得運動や農工銀行の役員改選運動を展開したりしたが、知事サイドはこれを弾圧し、倶楽部は発足から一年もしないうちに事実上、壊滅した。同志の多くは本土へと難を逃れ、脅迫や貧困に苦しんだ謝花は一九〇一年、職を得て山口県に向かう途中、神戸駅で錯乱状態となり、以後精神を病んだまま非業の死を遂げた。

海外への移民送出計画は、運動のピーク一八九九年に浮上した農民救済策だった。この分野で中心的役割を果たしたのは、前年に謝花と出会い、盟友となった當山久三《とうやまきゅうぞう》という元教員だ。平良新助はこの當山の〝弟分〟にあたる。

謝花がまだ県職員として知事批判をしていた時期、首里の沖縄県尋常中学に学んでいた新助は、金武《きん》村《そん》(現・金武町)に暮らす社会運動家・當山の門を叩いた。八歳年上の當山は当時、県と対立して金武小学校の校長を辞め、山間のあばら家で住民の啓蒙運動に取り組んでいた。新助は中学の夏休みや冬休み、首里と今帰仁を往復するたびに、この家を訪ねては、當山の教えに耳を傾けるようになった。

奈良原の知事就任後、県庁や警察、教育界の要職に鹿児島県人が急増した。當山が校長職に見切りをつけたのも、校長代理という肩書きで着任した無資格の鹿児島県人が、自分の頭越しに行政との連絡を取り仕切るようになったためだった。

新助の学ぶ中学でも、鹿児島出身の校長が「沖縄の学生には必要ない」と決めつけて、英語の授業を廃止しようとし、全校ストライキが勃発する騒ぎが起こっていた。

知事人脈で跋扈《ばっこ》する鹿児島県人の横暴に反発した當山や新助は、伝え聞く謝花の運動にも共感を寄せるようになった。杣山の官有化・開墾計画は今帰仁村にも持ち上がり、中学を中退して地区総代のひとりとなった新助は、地元で反対運動を牽引し、これを阻止・撤回させている。

今帰仁村の生家跡に立つ平良新助像
(2017 年 7 月，筆者撮影)

ちなみに新助が耳を齧られたのは中学時代、杣山問題をめぐる議論から、学友とつかみ合いのケンカをした際のことだという(今帰仁の祭りの日のケンカだったという説もある)。

しかし、ふたりも加わった沖縄倶楽部の結成をきっかけに、奈良原の圧力が強まると、関係者は本土に散り始める。最年少の〝同志〟だった新助も東京行きの船に乗った。旅費は実家から持ち出した土地の権利証を担保に賄った。當山が提唱する移民事業に共鳴し、来る日の海外雄飛のため、東京の外語学校で英語を学ぼうとしたのだった。

そう、大城の表現を借りれば、新助は今帰仁の「ウェーキンチュ（金持ち）」の息子だった。実家は何人もの使用人を抱える富農。そもそも沖縄唯一の中学に学べたのも、そのためであった。

第一回ハワイ移民――海外移住への道筋

沖縄倶楽部の結成後、機関紙発行などにかかわった當山は、同志が四散しても沖縄に踏みとどまり、ひとり移民事業の実現に邁進した。本土の移民会社に渡りをつけ、宿敵の奈良原知事を直談判で説き伏せて、県の許可を取り付けた。県庁サイドには、移民事業にかこつけて當山を海外に〝やっかい払い〟する思惑もあったと言われている。當山は早速、沖縄から初めての海外移民三十人を募集・選抜した。

一八九九年十二月三十日、健康診断を通過した沖縄の移民団計二十七人は、横浜で全国各地からの渡航者と合流し、移民船「チャイナ号」でハワイへと旅立った（うちひとりはハワイでの健康診断で不合格とされ、強制送還となった。かつての移民の渡航では日本出国時や現地入国時、伝染性の眼病トラコーマが検査で見つかって、不合格となる例が多かった）。

日本全国を見渡せば、すでにハワイ移民は三十年ほど前に始まっていて、八四年には日本政府とハワイ王国が正式に移民条約を締結した。ハワイが合衆国に併合された九八年には、現地の総人口約十五万四千人のうち、実に四割を日本人が占めるまでになっていた。

つまり、沖縄からの移民は国内の最後発だったのだが、ともあれ第一回ハワイ移民はこうして実現し、當山の名は「沖縄移民の父」として歴史に刻まれることとなった。

東京にいた新助に声がかかるのは、一年余りが過ぎた一九〇一年のことだ。當山は第二回、第三回の移民送出を目指したが、人集めは難航した。第一回の移民から何の音沙汰もなく、不安に堪えかねた家族や関係者から不満が噴き出したためだった。當山は新助に、現地に乗り込んで実情を調査するよう依頼した。

すでに妻子を持つ立場だった新助だが、當山の依頼を快諾した。渡航費は今度も親がかりだった。新助はホノルルに上陸後、第一回移民が最初に就労したオアフ島のサトウキビ耕地で、何人かの残留者から事情を聞くことができた。それによれば、ハワイ各耕地の労働は過酷で、少しでも休むと「ルナ（現場監督）」に叱責され、時にはムチ打ちの罰を受けることもあるということだった。とくに農作業に不慣れな首里や那覇、都市部の出身者にこの境遇は耐えがたく、一部の移民は知事と移民会社に帰国の嘆願書を送ろうとしていた。しかし入植から三か月で事態は一変する。ハワイがアメリカの属領となったことで米本土と同様、契約移民から自由移民へと制度が変更され、移民たちは半奴隷状態から解放されたのだ。

一同は思い思いの耕地に分散し、なかには米本土に渡った者もいた。

新助は聞き集めた情報を當山や謝花、そして県知事に書き送り、その後も調査を継続した。米本土では中国人排斥運動の影響で労働者不足が顕在化、その余波はハワイにも及び始めており、日本からの移民事業には将来性がある。そんな情勢分析も報告した。

第一回移民の無事が伝わると、當山の募集活動は再び動き出し、一九〇三年、第二回のハワイ移民が実現した。第一回の教訓から都市部出身者は避け、今度は當山の地元・金武村に絞って希望者を募集した。折よく第一回移民の金武村出身者が六人帰国して、田畑を買ったり、瓦葺の家を新築したりして注目され、四十五人もの移民が瞬く間に集まった。

今度の渡航には現地視察を兼ね、當山も同行した。

身体検査不合格者を除く総勢三十六人は、前回のオアフ島とは異なるハワイ島の耕地に配された。ところがこの耕地は水質が悪く、入植直後から病人が続出した。當山も熱病にかかり、たまたま視察のためハワイ島に来ていた新助が、當山に代わって移民団の世話役を引き受けることとなった。しかし経営者は頑として他耕地への移転を認めない。やむなく一同は、夜陰に乗じて集団脱走を決行した。

島内に適当な雇用先は見つからず、最終的に新助は、オアフ島の耕地に彼らを移すことにした。問題はハワイ島からオアフ島への船旅の旅費、そして乗船時に人頭税を納入した証明書の提示が必要なことだった。新助は知り合いに頼み込み旅費を工面、納税証明書はすでに現地に暮らしていた本土移民の書類を人数分取り揃え、脱走者が一人ひとり、書類上の人物になりすます計略で何とか乗り切った。

「もともと読み書きができる人はほとんどいないでしょう。だから口伝えで名前も住所も覚え込ませたの。それが本当に大変だったたって言ってたわ」

大伯父・新助との会話でひと際印象に残る部分だったのだろう。私は艶子から直接、この話は聞かされていた。

第一回移民については山里慈海《やまさとじかい》『ハワイ今昔ノート』という本に、戦後、〝最後のひとり〟になっていた金城珍善（当時八十六歳）の証言が収められている。

それによれば、一行のなかでヤマトグチ（標準語）を話せたのは三、四人に限られ、出発前、横浜での買い物にも〝通訳〟が付き添ったという。ハワイ到着後も、本土移民との言葉の差は目立ち、沖縄からの移民は現地人に「ジャパン・パケー」と呼ばれた。「パケー」は中国人を意味するハワイ語であった。

初期の労働はやはり過酷だったらしく、金城は苦々しくこう回想した。

「私たちは牛馬とちっとも変らなかったものです。人情もくそもあったものではない。夜みる夢も故郷の妻子という甘いものではなく、おびえて目を覚ますのはルナ〔監督〕の鞭だったのです」

それでも戦後すでに、数万人規模になっていた在ハワイ沖縄系コミュニティの発展には、〝草分け〟のひとりとして、感慨もひとしおのようだった。

「このことは百万言を費やしても言い尽くせない。「喜びの感激」と言うより外ありません」

當山や新助らが築いた海外移住への道筋はこのようにして、沖縄に定着し、那覇市には瞬く間に「移民取扱所」の看板が林立するようになった。

第二回ハワイ移民と同じ〇三年には米本土にも五十一人、翌年にはフィリピンに三百六十人、メキシコに二百二十三人が渡航した。〇五年には仏領ニューカレドニアに三百八十七人、〇六年にはペルーに百十一人と、沖縄の移民熱は年を追うごとに高まり、第二次世界大戦が勃発する直前には「県人口の約一割」が海外に居住するまでになってゆくのである（『沖縄県史』）。

背景には、もちろん沖縄の貧困という問題が横たわっていた。しかし、『沖縄県史』によれば、明治三十年代（一八九七～一九〇六年）のハワイ渡航には約二百円の費用がかかったとされ、〝本当に食い詰めた人々〟には到底払い得ない額だった。

一八九九年から一九〇三年にかけて行われた県レベルの土地整理事業に着目する議論もある。地域ごとに時期は前後するが、土地を集団所有する沖縄の伝統的「地割制《じわりせい》」は明治期に崩れ、最終的にこの整理事業で、土地私有制度が確立した。

それは農民を土地に定着させるより、むしろ流動化を促す効果を生み、売却した土地代を移住渡航費に充てる人が続々と現れたのだった。

自由民権運動との関連では、鳥越皓之『琉球国の滅亡とハワイ移民』に興味深い記述がある。金武村では「官に反抗して失敗した大屋《うふや》（名家）のボーのなれの果て」という當山へのネガティブな評価もささやかれていたらしく、鳥越はこれを紹介してこう続けている。

> 謝花や当山による民権運動そのものの失敗は、奈良原の高圧的姿勢だけが問題ではなく、当時の農民大衆の支持がとても少なかったことが一因である。このような言説がいとも安易に流布したことが、かれらにとっても悲劇であった。ただ、その延長上の移民活動だけが成功をきたし、また事実、一般農民や無禄士族は、積極的にこの移民への誘いに呼応するところとなった。移民は生活と現金収入を保証するものであったからである。

自ら新天地に挑んだ平良新助

第二回移民のハワイ定着を見届けた當山は、半年間の現地滞在のあと沖縄に引き揚げた。一方の新助は翌一九〇四年、ハワイの地を離れ、米本土へと渡った。移民を斡旋する立場から、今度は自ら一移民となり、新天地に挑む人生を選び取ったのだ。

後年、沖縄に引き揚げた新助が琉球新報社から表彰を受けたとき、旧友のひとりはこう語っている。

> 大地主のむすこだった彼は、〔今帰仁村の〕崎山区に沢山の砂糖きびを植えつけてあったが、これが一夜の台風で潰滅、打ちひしがれた彼は、このとき「沖縄で農業をしては食えない」と、海外移

民を主張していたことを私は子供心におぼえている。（『平良新助伝』）

新助の経済的立場では、「食うため」というより、さらなる成功を目指す挑戦、というほうが正確だったろう。それでも苦節十数年、サンフランシスコやニューメキシコ州で庭師、コック、バーテンなど転職を重ねつつ、四十代にはレストランやホテルを経営するまでになってみせたのだ。

ハワイから米本土に転住した直後には、一通の手紙を実家から受け取って、苦悩する日々もあった。第三回移民にまつわる出来事が綴られていた。

當山はハワイからの帰国後に、新助の希望を容れ、次の移民募集を今帰仁村で行った。しかし四十数人の希望者は、神戸に着いてから突然、ハワイへの移民は満杯だと伝えられ、移民会社に勧められるまま、行き先をフィリピンに変更した。

フィリピンでは未開地の道路工事に労働力が求められていた。しかしこの移民たちは現地でマラリアに苦しめられ、数多くの死者を出すことになる。悲報を伝え聞いた今帰仁村の遺族たちは、その怒りを新助の家族にぶつけたという。

新助自身、このことを後年、「私の一生の痛恨事です」と語っている。

米本土に移住してからの新助が、再び沖縄の歴史に顔を出すのは、一九二四年のことだ。

第一回ハワイ移民の送出から四半世紀、那覇市には移民会社代理人（移民業者）の事務所が乱立し、渡航費の前借りをめぐるトラブルや詐欺的な業者の存在が問題化、アメリカの沖縄人社会では、移民送出に携わる公的機関の必要性が主張されるようになった。

この前年、二三年にも一時帰国した有力者が県に働きかけを行ったが、成果はなく、一年後にたまたま帰郷する機会を得た新助に、継続的な交渉が委ねられたのであった。

結果的に今回の陳情は聞き入れられ、移民業者が届け出制になったほか、渡航手続きを無償で助けたり、事前研修を行ったりする公的機関「沖縄海外協会」の設立が決まった。

このころの新助は、メキシコ国境に近いカリフォルニア州ブローリー市に落ち着き、雑貨店や食品店、レストランを営んでいた。

今帰仁の妻とはハワイ時代に離婚、一三年の帰省時に故郷で再婚し、祖父母に預けていた長男を引き取って家族三人でアメリカへと戻った。前妻との離婚に関しては、妻の側が渡米を嫌がった、という説がある一方、沖縄の古い風習で口元に刺青を入れていた妻の外見から、新助自身がアメリカでの適応を困難と考えた、という見方もある。

こうして徒手空拳で成功した新助は、ブローリー市の日本人会や沖縄県人会で会長にも選ばれる立場になっていった。

今帰仁村越地地区に残る平良家には現在、平良尊俊と芳子という老夫婦が暮らしている。尊俊は新助の弟・彦助の孫にあたる。

新助が暮らす生家があった場所は、銅像や記念碑の前にゲートボール用のスペースを設けた更地になっており、像の背面の一角に尊俊夫婦の暮らす家と農機具小屋が並んでいる。

新助は六人きょうだいで、男は彼と彦助だけだった。しかし、新助がアメリカに渡ったあと、家を継いだのは彦助かと思いきや、事情はかなり入り組んでいた。

尊俊はこう説明する。

「ウチの祖父は若くして亡くなったんですよ。三十三歳です。で、その息子、私の父親は満州に渡りました。私はチチハルの生まれです。父は終戦の一週間前に軍に召集され、シベリアに抑留されて亡くなった。当時八歳だった私は母に連れられて引き揚げてきたのです」

沖縄戦で今帰仁は戦火を免れたが、終戦直後には行き場を失った何家族もの親類が、この土地で肩を寄せ合って暮らしたという。外地からの引揚者は、尊俊の家族以外にもいた。新助の妹・金城カナの一家で、こちらはフィリピンからの引揚者だった。

この金城カナこそが艶子の祖母だった。艶子の祖母、尊俊の祖父は、ともに新助を兄に持つ妹弟であった。艶子自身は終戦から二年後、四七年の生まれだが、その両親や祖父母は終戦までフィリピンで暮らしていた。

よく聞けば、カナとその夫がフィリピンに渡ったのは一九〇四年のことだという。ふたりは第三回ハワイ移民になるはずが最初のフィリピン移民となってしまったあのグループにいたのである。新助の両親にしてみれば、フィリピン渡航者の相次ぐ病死を受け、その遺族に責め立てられながら、一方で一行に加わった娘夫婦の身を案じる立場となったのだ。アメリカの新助に恨みがましい手紙を書いたのも、仕方のないことだった。

艶子が脳溢血に倒れたため、もはや詳細は知り得なくなってしまったが、マラリアが蔓延する道路工事現場に始まったカナたちのフィリピンでの歳月にも、おそらく壮絶な歴史があったことだろう。

新助の少年時代と比べると、相当に狭くなったとはいえ、今帰仁にある平良家の土地は約六千坪に及ぶという。その大半が新助の没後約半世紀が過ぎた現在も、登記は新助名義のまま放置されている。相続権のある新助の子孫はみなアメリカ各地にいて、日本の親族による権利の整理には、複雑な手続きが必要になるらしい。このことが沖縄の平良一族には、悩みの種になっているという。

ともあれ戦前の沖縄で、このように富農の家に生まれながら、未知の国に飛び出していった新助やカナ、あるいは尊俊の父親の思い切りの良さには、改めて驚嘆するばかりだ。

「郷土の偉人」への視線

敗戦後、焦土と化した沖縄に新助に先駆けて現れたのは、平良東虎《とうこ》という新助の次男だった。戦争中は米軍二世部隊の兵士としてヨーロッパ戦線に従軍、日本の降伏後、新助の指示に従って沖縄に移り住み、米国籍の軍属として米軍司令部で働くようになった。新助からは彼の目、彼の耳となり、沖縄の状況をこと細かく知らせるよう命じられていたという。

尊俊によれば、戦前、日本で大学教育を受けた東虎は、二世のバタ臭さをまるで感じさせない人だった。週末ごとに県中部からジープを駆り、今帰仁の親類縁者に食品や生活物資を配ってくれたという。

越地地区で共同生活を送っていた一族がそれぞれに独立できたのも、彼の助力があればこそだった。金城艶子の両親は東虎の資金援助を受け、真和志《まわし》村(現・那覇市)の栄町市場に肉屋を開業した。

東虎自身、沖縄の水が合っていたようで、首里で沖縄の女性と結婚、その生涯を沖縄で全うした。

資料によって時期に食い違いがあるのだが、日米開戦の少し前、ブローリー市を離れた平良新助は一九四〇年前後にロサンゼルス市に生活の場を移している。大里康永『平良新助伝』によれば、四男三女の父親として子どもたちの教育環境を考えた判断だったという。

戦争中は妻や娘たちとアリゾナ州ヒラリバーの強制収容所に送られたが、戦後にまたロサンゼルスに戻り、長男とともに目抜き通りでホテル経営を再開した。

戦後、アメリカに郷土の惨状が伝わると、全米各地の沖縄県人会に救援運動が広がった。すでに七十歳にならんとする新助の名は、その幹部名簿には現れてこないが、新助の死後、遺品を調査した前今帰仁歴史文化センター館長・仲原弘哲《なかはらひろてつ》によれば、裏方で日米の沖縄人と連絡を取り、個人的に支援に奔走した痕跡があるという。

「もともと戦争になる前からアメリカに行く沖縄県の留学生に私費で奨学金を出していましたし、戦後も沖縄の知り合いから病気の相談を受け、沖縄駐留米軍の病院を紹介してあげたり、東虎さんを通じてあちこちに物資を届けたり、いろいろと尽力したようです」

尊俊の話では、今帰仁にはかつて、新助の戦前の寄付金で造られた「新助橋」と呼ばれる橋があったという。戦後も小学校に土地を提供したり、発売されて間もないテレビを役場に寄贈したり、さまざまな地元への貢献をしている。

しかし、尊俊はこんな言い方もした。

「私たち親類は、東虎さんには世話になったけど、新助さんへの感謝はとくにありません」

そこには親族ならではの複雑な感情も見て取れた。たとえば、若き日の東京での学費や生活費、あるいはハワイへの渡航費を賄うため、新助の親は海沿いの広大な土地を手放すことになったという。一九五三年には新助がアメリカから引き揚げたため、尊俊らは実家を明け渡し村内の別の家に移動を強いられている。生前に土地の名義変更をせず、アメリカ在住の子どもらへの相続もうやむやになった。身内にはこういった身勝手さの印象が、どうしても拭えないようだった。

一般村民の間でも最近まで、「郷土の偉人」と称える雰囲気は薄かったらしい。仲原はこう解説する。

「新助さんには自由民権運動の印象がどうしても強いでしょう。保守層の一部には〝民権運動家イコール共産党〟というような極端な見方をする人もいるのです。私たちが展示会をしたときにも、『ヒヤミカチ節』や戦後の貢献にウエイトを置くなど、バランスに気を遣いました」
それはどこか、『琉球国の滅亡とハワイ移民』で鳥越皓之が言及した、當山久三への冷ややかな視線、「官に反抗して失敗した大屋のボーのなれの果て」という言われ方とも共通する後日談に聞こえた。

交差する移民史の糸

金城艶子についても、知り得たことに触れておこう。尊俊夫婦や周辺の人によれば、幼少期に今帰仁を離れた彼女は那覇市で高校を卒業し、東京でのOL生活を経て一九七〇年代にアメリカに渡った。アルゼンチンにも足を延ばし、現地国営放送で短波ラジオの日本語アナウンサーとしてしばらく働いた。沖縄に引き揚げたのは七九年。アルゼンチン人でギタリストの夫を伴ってのことだった。夫とふたり栄町市場に近い国道沿いに南米料理と音楽の店を開き、離婚したあとに自身の店「ＳＵＤＡＫＡ」を開業した。

沖縄キューバ友好協会の仲間で、艶子の幼なじみでもあるカメラマン・嘉納辰彦は、彼女とキューバとの関わりをこう説明する。

「共産党の県議会議員でお父さんがキューバ移民、という年配の方がいましてね。お父さんは向こうにも家庭をつくって亡くなった。その県議がぜひキューバに行って妹に会いたい、ということで、艶子さんが通訳として同行した。三十年ほど前のことですよ」

友好協会はこのときのキューバ訪問をきっかけに、この県議や艶子が立ち上げたものだった。キューバの沖縄系二世、三世は総じて貧しいため、ウチナーンチュ大会への自費参加は難しく、沖縄サイドで参加費を負担して代表団を招待したこともあった。その陰には、艶子の奔走もあったという。

嘉納はこんな話もした。南米日系人の来日デカセギ者が増えたバブル時代、沖縄には本土並みの賃金で彼らを雇用できる企業はなかったが、本土に就労した沖縄系の子孫にはルーツへの思いから個人的に沖縄を訪れたり、あえて低賃金の仕事に就き沖縄に定住したりする動きも一部に見られたという。「SUDAKA」は、そんな顔ぶれの溜まり場にもなった。そのなかにはロックバンド「ディアマンテス」でブレイクする前のペルー人ミュージシャン・アルベルト城間もいた。

平良新助と金城艶子、ふたりをめぐる話を聞き歩くうち、私は幸運にも艶子が二〇一五年、『琉球新報』に計十三回のコラムを書いていたことを教えられた。初回のタイトルは「平良新助と当山久三」。彼女が健康なら、まさにあの酒場で語ってくれたに違いない物語が、そこには綴られていた。

平良新助、そして自らの祖母カナについて「小さな体全体がエネルギーの塊のような兄妹」(七月二十八日付)と艶子は書き起こしている。

ある回には遠い日の祖母との会話が紹介されている(九月五日付)。中学校の授業で、沖縄の本土復帰運動について習った、と報告する孫娘に、カナは「日本は沖縄が帰るところではない」と呟いたという。一九六〇年前後、本土復帰はまだ夢物語と思われていた時代のことである。カナはこう続けた。

「謝花(昇)さんは神経を病むまで苦しめられた。沖縄の宝だったのに…」

結婚してほどなくフィリピンへと渡り、戦後も米軍統治下の暮らししか知らない祖母にとって、「日本」は奈良原知事の冷徹さに象徴されるイメージのままだった。

栄町の店に東虎が現れ、壁に貼った演劇ポスターをめぐるやり取りから、新助の意外な一面を聞くエピソードも登場する。この劇は名護出身の画家で、旧ソ連の大物スパイ、リヒャルト・ゾルゲの事件にかかわって獄死した宮城与徳《みやぎよとく》の生涯を描いたものだった。

東虎はこんな思い出話をした。若き日に父親の呼び寄せで渡米した宮城は、信頼する年長者の新助に革新的な沖縄青年のグループ「社会運動研究会」の設立を相談した。新助は猛烈に反対したが、宮城らはこれを押し切って、治安当局による日本人共産主義者の摘発・追放事件(ロングビーチ事件)を引き起こしてしまった。

この事件で沖縄県人会は一時、分裂状態となり、新助も批判の矢面に立たされたが、どんなに責められても弁解めいた言葉を口にしなかったという。そんな父親の姿に東虎は心底尊敬の念を抱いた、と艶子に説明した。民権運動と社会主義という違いはあるにせよ、若き日の自分と同じように血気にはやる青年の心情は、痛いほど新助には理解できたのだろう。

ちなみに、宮城与徳の父親は艶子の祖父母と同じ年にフィリピンへの道路工事移民となり、その後、アメリカに再移住した人だった。沖縄移民史の糸はこのように随所で交差する。

コラム最終回のタイトルは、「新たな「海外協会」を」となっていた。大伯父・平良新助の思いを代弁するように、艶子はこう結んでいた(十二月八日付)。

世界中の沖縄人的な価値観が結ばれれば、大きな広がりのある理想的な社会が創造できます。これは夢物語ではなく実現可能です。(略)沖縄が有する宝の山が生かされるよう渇望しています。

三世代百十余年の流れから発せられた言葉だった。

第2話 キューバからの写真
――民衆の叙事詩となった『眉屋私記』

山入端萬栄の家族写真．右から萬栄，マリア，エリザベツ
（山入端一雄氏提供）

名護市の西海岸をなぞるように、市内中心部から北西に約二キロ半。本部半島へと続く国道から海沿いの集落に分け入った路地の突き当たりで、名護博物館長の比嘉久《ひがひさし》は自家用車から降り立った。

「これが渡波屋《とわや》です」

眼前には、鬱蒼と木々に覆われた巨岩がそびえていた。急傾斜の階段を上ると、右手の頂にあずま屋の展望台、左手には戦没者の慰霊塔がある。

いまでこそ前方の砂防林が妨げになっているが、その昔、名護村(現・名護市)屋部《やぶ》地区の住民は、名護湾を一望するこの場所から青松葉で白煙を焚き上げ、沖合をゆく船上の身内に惜別を伝えた。同様の風習はかつて、沖縄の沿岸各地にあり、蒸気船の黒煙と浜辺の白煙の組み合わせは、離別する家族の切ない情景として詩や短歌に詠われたものだった。

沖縄社会の移民や身売りという底辺の民衆史を描いた記録文学に『眉屋《まゆや》私記』という昭和の名作がある。著者は福岡県筑豊の作家・上野英信だ。その書き出しは、この巨岩の描写から始まっている。

渡波屋は双頭の岩座である。

根もとは一つだが、上のほうは風浪に削られて、南北にそれぞれ独立している。根まわりはおよそ五十メートル。高さは八メートルあまり。その根の部分から頂上まで、まわりはすべて、切り立った断崖絶壁《フチバンダ》である。

集落を貫くふたつの川が河口で合流する、その狭間の陸地先端部に渡波屋の隆起はある。

頂きに登ってあたりを展望すると、みごとにその体をあらわした名であることがうなずかれる。それというのも、ここに立つかぎり誰しも、さながら彼自身が綾船《あやぶね》のへさきに立ち、いままさに大海原にのりだそうとしているような、心のときめきを覚えるからである。

渡波屋の風景（2017年8月，筆者撮影）

しかし見送りの家族、とくに我が子と離別する母親の胸中は違った。

涙まみれの唄と踊りのあいまあいま、親たちは、遥か西方の水平線を北上する吾が子の船影に向かって、声をかぎりに絶叫した。

くまー、うやどう！（ここだぞ親は）

くまー、みいよう！（ここを見よ）

比嘉によれば、『眉屋私記』の初版刊行から三十年以上が経過した今日でも、物語の舞台・屋部の集落には、時折ふらりとその読者が訪れるという。

「なかには公民館に顔を出し、本の質問をする人もいて、そんなときは博物館に電話が回されてくるのです」

萬栄とツル——無名の一族の物語

渡波屋の根元には、「徳元《とくげん》公園」と刻まれた石が置かれている。一帯は一九六〇年、比嘉徳元という ハワイ移民の寄付で公園に整備された。しかし、上野英信が描いたのは、そんな成功者ではない。山入端《やまのは》萬栄《まんえい》。一九〇七年、十八歳のときメキシコへの第二次移民に加わり、数奇な運命の末、キューバに革命政権が成立した五九年、ハバナの街に没した。故郷への帰還は、生涯かなわずに終わった。

若き日に炭鉱労働を経験した上野は、地元・筑豊で坑夫たちの世界を描くことを生涯のテーマとした。それがなぜ、遠い沖縄の名もない一移民に目を留めたのか。

きっかけは七七年秋、自宅に送られてきた小冊子にあった。送り主は、のちに琉球新報社副社長となる三木健という記者。『わが移民記』という萬栄の一代記で、三木の先輩記者が萬栄の没後すぐ、本人のノートを下敷きにまとめたものだった。

上野はその春まで月刊誌『潮』に「われら棄国の民」という南米移民の連載ルポを書いていた。炭坑夫を描く延長線上のテーマとして、相次ぐ閉山で移民に身を転じた離職者を南米四か国に訪ねたのだ。のちに『出ニッポン記』という本になった。この旅で上野は沖縄移民に着目する。

たとえばボリビアのサンタクルス州には、日本人が戦後、原生林を開拓した二か所の移住地がある。ひとつは長崎の炭鉱離職者が多いサンファン移住地で、もうひとつは米軍の統治下にいた沖縄の人々が集団入植したオキナワ移住地だ。エネルギー革命で炭鉱を追われた移民と、米軍による広大な土地占拠で、農地不足に直面した沖縄の農民。上野は「二十世紀後半の日本移民史を血に染める、もっとも象徴的な二つの大集団」と受け止めた。

実は、一九〇七年に萬栄が応募したメキシコへの移民は、現地の炭鉱で働く坑夫の募集だった。沖縄・西表《いりおもて》炭鉱の取材をきっかけに上野と知り合った三木は、「炭鉱」そして「移民」という上野がのめり込むテーマの資料として、萬栄にまつわる古い小冊子を「参考になれば」と送ったのだった。

驚くべきことに、上野はわずか数日後に沖縄に現れた。そして南米移民百数十人を二百日余りで訪問した『出ニッポン記』とは対照的な手法、たったひとりの移民とその家族を描ききる作業に着手した。

萬栄には五人のきょうだいがいて、ツルという末の妹がまだ健在だった。萬栄の出国から六年後、姉ふたりを追うように、那覇市内の花街・辻の遊郭に送られた。芸妓として数々の苦難を体験した女性だが、晩年を那覇市内で静かに送っていた。萬栄の物語とはまた別に、ツルの半生も琉球史研究者・東恩《ひがしおん》納寛惇《なかんじゅん》によって『琉球新報』の連載記事になり、『三味線放浪記』という本になった。

『眉屋私記』はこの萬栄とツル、ふたりの人生を縦横の糸とした一族の記録である。上野は関係者への聞き取りを改めて何年も積み重ねた。萬栄の足跡をメキシコにもたどった。

無名の貧しい一族の物語が、沖縄民衆史の記念碑的な叙事詩になり得たのは、この記録文学者の尋常ならざる執念があればこそだった。

まずは『眉屋私記』の記述から萬栄と一族の歴史をたどりたい。

メキシコへの移民の背景

「眉屋」は山入端家の屋号である。初代の「眉の美しさ」に由来するという。その曽孫にあたる萬栄の幼少時、一家は極貧の中にいた。生家は土中に穴を掘り柱を立て、茅の屋根を葺いただけの「穴屋造り」だった。

尋常小学校卒業後、萬栄は隣に住む長者の家に奉公した。ところが六年目の一九〇七年、五つ下の妹が「原国」という旧士族の商店に奉公に出て、まさにその初日、奉公先の商店が火災で焼け落ちてしまった。もしや娘の不始末では、と嘆き悲しむ母カマドを見て、萬栄は「わたしがメキシコへ行こう。原国から借りた金は、わたしが儲けて、すぐ送るから」と告げたという。

沖縄からメキシコへの移民は〇四年に続くもので、この年、神戸港から二次移民六十人、横浜港から三次移民百二十八人が旅立った。

銅山や炭鉱で働くためメキシコに渡った最初のグループは、相次ぐ死亡事故や劣悪な労働条件が騒ぎとなり、沖縄の新聞にもトラブルが大きく報じられた。それでも二次、三次の募集には多くの希望者が集まった。屋部からは一次にひとり、二次に萬栄ともうひとり、三次にはさらに四人が加わった。

折しも日露戦争をまたぐ時期。徴兵制が導入され、まだ間もない沖縄では、戦死者の続出に恐怖心が一気に広がった。「七十余年来始めての大旱魃」への不安もささやかれ、移民熱が上昇した。

メキシコへの移民に関しては、沖縄県人に限らず日本各地の希望者が現地での就労より、機会を見て脱走し、隣国アメリカに潜り込む〝裏ルート〟と捉えていた。アメリカ西海岸に日本人移民を排斥する雰囲気が芽生え、正規の渡航が徐々に難しくなったためだった。初めから脱走・転住を狙う希望者なら、メキシコの労働環境や処遇がいくら騒がれても、気にも留めなかったに違いない。

息子萬栄を乗せた船を、渡波屋の頂で見送った母カマドは「あと三年、あと三年……」と、うわ言のように繰り返すようになったという。炭鉱での三年契約が満了した暁には、まとまったカネを手に長男は帰国する。彼女はそう固く信じていた。しかし、〝その日〟はついぞ訪れず、カマドは終戦後に生涯を終えるまで、この言葉を呟き続けたという。

実際、山入端家の困窮は深刻で、萬栄が旅立った同じ年、二十二歳になる長女と十四歳の次女が、辻の遊郭に「ジュリ売り」されることになった。ジュリとは遊女を指す言葉だ。屋部の古老は「あのころのウエキンチュ（金持ち）の欲の深さは、いまの高利貸どころではない」と上野に語っている。庶民は月に二割五分にもなる借財の利子に苦しめられ、一九〇〇年前後から屋部でもジュリ売りが相次ぐようになったという。

そして一三年、前述したように、末っ子のマツ（のちのツル）も遊郭の姉たちに預けられることとなった。父萬吉が他界してしまったためだった。直前には、彼女の六つ上の三男も糸満の漁師に身売りされた。一家はこうして事実上の離散状態に陥った。

萬栄がメキシコ行きを決めた理由には、叔父の勧めもあったという。

「とにかく早く外国へ逃げるがよい。もうすぐ兵隊だぞ。兵隊にとられたら終わりだぞ」

一次移民では皆無だった十六歳から二十歳の若者が、二次、三次で三割近くに増えた背景には、日露戦争で多大な戦死者が出た影響があった、と上野は分析する。

メキシコからキューバへ

神戸から移民船「第二琴平丸」に乗り、メキシコを目指したのは、萬栄ら沖縄勢六十人を含む全国から集まった総勢約一千人もの契約移民だった。一行は、サリナクルースという鉄道網の拠点がある港へ上陸した。粗末な収容所の壁には、「アメリカデアワウ（会おう）」、マッテオルゾ」というアメリカ転住を目論む先行者の落書きが残っていた。
萬栄の足取りの手掛かりは『わが移民記』の下敷きになった直筆のノート、ハバナの地で本人が晩年にしたためた「在外五十有余年ノ後ヲ顧リミテ」という文章だけである。ノートは萬栄が死を迎える前年に、本人からツルのもとに送られてきた。

移住初期の記述はあまりない。上野がメキシコで出会った老移民やメキシコからの引揚者は、それを当然視した。上陸後は、とにかく生き延びるのに無我夢中。「人間らしい気持が残っておったのは、せいぜい船に乗っている間のこと。船が向こうの港に着いたその瞬間から、帰りのことで頭はいっぱいであった」のだと。

同じ移民団にいた福島出身の老移民によれば、長距離列車に乗り炭鉱へと移動した一行の旅は五日間に及んだが、途中八百人以上が列車を飛び降りて逃走したという。目的地のラス・エスペランサス駅まで車内に残ったのは、百数十人だけだった。逃走者はもちろんみなアメリカを目指した。少し前までは合法的な国境越えもできたのだが、あまりに多いメキシコからの日本人の転住に、当時はもう許可が下りず、密入国しか手立てがなくなっていたのである。

萬栄ら〝残留組〟が連れて行かれたのはコンキスタという砂漠地帯にある炭鉱であった。アメリカ国境まであと百五十キロの地点で、萬栄はここでの契約期間三年を全うした。

その間の詳細も不明だが、上野がやはり証言を得た九十歳になる老移民、沖縄からの三次移民によれば、「石炭を掘るよりも、〔節約して〕銭を貯めることのほうがよっぽど苦しかった」。萬栄も満足な蓄えはできなかったのだろう。契約を終えたその足で、改めてアメリカ密入国を図ったが、企ては失敗に終わった。萬栄はコンキスタに舞い戻り、やがて首都メキシコシティに出ることを決断した。

メキシコではその前年一九一〇年に革命の内戦が始まっていた。萬栄の首都入りは、独裁者ポルフィリオ・ディアス大統領が追い落とされ、革命勢力のフランシスコ・マデーロが新大統領になったころのことだ。萬栄はその政治的〝小康状態〟のなか、自動車の運転技術を学んだが、政情はすぐにまた混乱し、外国人の萬栄も動乱の渦に巻き込まれてゆく。新政府軍を率いたビクトリアーノ・ウエルタ将軍の裏切りで一三年、マデーロは殺害され、各地で反乱が再燃した。萬栄はこのさなか、銀行の私兵からウエルタ政権の傭兵となり、反乱軍鎮圧に銃をとるのである。

「徴兵逃れ」どころか、異郷の地で志願兵になったのだ。

「兵隊になるよりほかに、食う途のない破壊と飢餓の時代であった」と当時を知る老移民たちは上野に説明した。日露戦争でロシアを破った驚きから、日本人の武勇は過大に喧伝され、メキシコにいた日本人は誰もが「官反両軍」から勧誘されたらしい。興味深いことに、体験者らは「気楽な敗軍」を選ぶよう心掛けたという。勝ち馬に乗る、の正反対である。

曰く、勝利する側は軍規が厳しいが、敗軍は略奪暴行も勝手次第。それが魅力だったという。

ウエルタの軍は、北部三州を押さえたパンチョ・ビリャ麾下《きか》の革命軍に敗れ、萬栄は命からがら首都に敗走した。偶然知り合ったロハスという将軍の運転手に雇われ、再び戦場に戻ったが、劣勢は覆せず、ウエルタは一四年に大統領の座を追われた。メキシコ革命はその後、革命派同士の戦いに様相を変えてゆく。ノートの記述は一六年に飛び、萬栄は「炭鉱地帯」から首都にやって来た同郷の友人らに誘われて、砂糖景気のキューバに渡航したとされる。

当国ニ於イテ何ニ一ツ得タノワナイ。只ダ得タノワ、九死ヨリ一生ヲ得タ天恵コソ、感謝シテ止マズ。

何もかもが徒労に終わったメキシコの日々だったが、とりあえず生き延びたことに感謝する。上野はこれこそが萬栄が到達した「移民とは何であったのか、という問いに対する回答のすべて」と想像する。しかし、同じ名護村からメキシコを経てアメリカに行った移民には、萬栄がキューバに移り住んだころ、故郷にT型フォード車を持ち帰った人もいた。運命の女神は実に気まぐれであった。

遊郭の姉たちに引き取られたマツはツルと改名し、三線《さんしん》の技術を日々修練した。その間に辻の遊郭は大火となり、再建後はヤマト風の景観になったという。一人前の芸妓に成長したツルは、仕事を押し付ける次姉のもとを逃れたい一心で、十八歳のとき、辻を飛び出して宮古島に渡った。しかし、ここでの暮らしも三年ほどで断ち切られてしまう。

芸妓として働く料亭で知り合った妻子ある本土の商人から、「末永くツルとつれ添う」と口説かれ、ともに暮らし始めたが、やがて男は忽然《こつぜん》と消え去ってしまった。行き場を失ったツルは、出稼ぎで和歌山にいるふたりの兄を頼り、本土に渡ることにした。

キューバの萬栄はと言えば、現地人の口車に乗って曲芸団の「相撲レスラー」にされかけるなど、綱渡り人生を続けたが、しばらくしてハバナの富裕家庭から、運転手に雇われるようになった。

落ち着けば、独り身の孤独が押し寄せる。そしてついにカリブのこの街で、生涯の伴侶と遭遇した。

住み込みで現地ドイツ公使館の運転手になったとき、同じ職場にいたドイツ人のメイド、エリザベッツこそ、その人であった。

妹への弁明

一九八四年に初版が出て間もなく、『眉屋私記』を読み感銘を受けたひとりに、その後約三十年を経て中高一貫の進学校、沖縄県立開邦中学校・高等学校の校長となった上原昇がいる。若手時代、県立北部工業高等学校の国語教師だった上原は、同校が名護市の学校ということもあり、作品を教材化してみることにした。対象に選んだのは、萬栄がドイツ人女性と結婚したキューバ時代の章だった。

「萬栄さんの孤独感や沖縄に帰らなくては、という思い、ドイツ人女性との結婚をめぐる公使館とのやり取りなど、高校生に伝わる部分が多いと思ったのです」

『眉屋私記』の硬質な文章は、一般の高校生にはハードルが高かった。それでも上原は同僚と綿密に計画を練り、八七年、卒業間近の三年生を対象に計十六時間、じっくりとこの教材で授業をした。

「最初は嫌々だった生徒の反応が、どんどん変わる手応えが感じられました。やはり沖縄の生徒だと、親戚がハワイにいる、ブラジルにいる、という子どもも多いのです。生徒自身、その多くが本土で就職する。故郷から離れる、という点でも作品が身近に感じられたようでした」

『眉屋私記』ではエリザベッツとの出会いのあと、萬栄の生涯がどのように描かれたのだろうか。再び作品に沿って見てゆきたい。

ふたりの結婚にドイツ公使は当初、難色を示したが、萬栄は何とかこれを説得し、一九二四年に結婚式を挙げた。萬栄三十五歳、花嫁は二十八歳。ふたりはその翌年、女児マリアを授かった。

白人の妻と生後三か月の娘、異国からそんな家族写真を受け取った沖縄の親族は驚愕した。なかでも宮古島にいたツルは、憤りを隠そうとはしなかった。

悔しくてたまらないので、生まれて初めて萬栄あにに手紙をだしました。にいさんひとり、青い目をした、金髪のお嫁さんを貰って、はずかしくありませんか。にいさんが勝手なことをしたおかげで、眉屋はつぶれてしまいました。わたしたち姉妹は三人とも、ジュリになってしまいました。一生、結婚もできないと思います。子供もできないでしょう。わたしはにいさんを憎みます。到底この怨みは忘れません。そんなことをカタカナの字で、幾日も幾日もかかって、泣きながら書いてだしました。

読み書きが苦手なツルの肉声を、上野はひらがなを多用して、雰囲気を伝えている。間もなくキューバから返信が届いた。遠い外国で、ひとりで暮らす人間ほど心の寂しい者はない。愛する者がいなければ生きてはゆかれない。許してほしい。そんな内容が綴られていた。あのときは「ひどいことをいった」と若き日の糾弾を、晩年のツルは悔やんでいた。

「兄も犠牲者の一人だということがわかるようになったのは、ずっとのちになってからです」

上野自身はツルからこのエピソードを聞いたことで、萬栄がノートを書いた理由が腑に落ちたという。

ただひとえに妹マツの糾弾に対する精いっぱいの弁明を書き遺しておきたかっただけである。

上野はそう受け止めた。

沖縄からキューバに直接集団移民が渡ったのは、一九二〇年代の一時期に限られる。そのほとんどは地方のサトウキビ耕地で働いたため、首都ハバナにいた萬栄に会った人はあまりいない。ただ練習艦でハバナに寄港した沖縄出身の軍人が、路上で萬栄と出会い、その自宅に招待されている。結婚から三年後の萬栄は、タバコ工場で働いていた。

家族以外に付き合いのない萬栄に、軍人は「なんとも暗い感じの人」という印象を受けたという。宮古島を出たあとのツルに目を移すと、一時的な和歌山と那覇での暮らしを経て、三三年に大阪に移り住んでいる。三線の腕を認められ、この土地でも料亭で働いた。人の紹介で沖縄出身者と結婚生活を始めたのもこの時期だが、酒に溺れ暴力を振るう夫に疲れ果て、その暮らしも三年で破綻してしまった。彼女の人生に陽が差すのは、しばらくして東京の沖縄料理屋に誘われてからのことだった。

客筋のいい店の人脈に助けられ、東京でのツルは三線のレコードを吹き込んだり、新宿の寄席・末広亭の舞台に出たりするようになった。そして一年後、京橋区霊岸島《れいがんじま》についに自らの居酒屋を開業した。

ただ同じころ、本土への出稼ぎを重ねてきたふたりの兄が相次いで病死してしまう悲劇にも見舞われた。下の兄が遺した一雄という息子をツルは引き取って、親代わりに育てることにした。

四五年、東京大空襲で居酒屋を失い、再起して新橋に沖縄料理屋を開くのは、戦後しばらく経ってからのことだ。

辻の姉たちは戦争中、生まれ故郷の屋部に避難した。サイパンやボルネオで、あるいは台湾へと避難する船で、戦火の犠牲となる親戚の悲報が相次いだ。それでも八十歳になるカマド、萬栄やツルの母だけは、戦争末期にも上機嫌だったという。

敵性国民としてキューバで強制収容所に入れられた萬栄から手紙が来たためだ。検閲のためごく短いスペイン語で、元気でいることだけを伝えた文章を、アルゼンチン帰りの村人が翻訳してくれた。

戦争が終わったら沖縄に帰る。勝手にそんな文言をつけ加える人もいて、カマドは狂気乱舞した。キユーバもアメリカも区別できないこの老母は、空襲する米軍機にまで手を振って歓声を上げたという。作品の最後はこう結ばれている。

彼ら眉屋一族の戦後における苦難の歩みについては、もし許されるならば、いつの日にか稿を改めて書きとどめたいと思う。

やがて続編の雑誌連載が決まった。媒体は月刊誌『世界』だった。しかし八七年八月、担当編集者を福岡空港に迎えたその翌日、ふたりで沖縄に出発する直前に上野は自宅で倒れ、そのまま入院した。がんのため息を引き取ったのは三か月後のことだった。

上野は病室でも、この続編への思いを語っていたという。六十四歳の早過ぎる死であった。

沖縄の家族史を書く意味

改めて沖縄で聞き歩くと、『眉屋私記』をめぐる上野の取材には、人々の並々ならぬ信頼があったことがわかる。ヤマトの取材者で、これほどに沖縄から愛された書き手はいないかもしれない。

それは上野の死の翌年、地元・福岡に先駆けて沖縄で堂々たる追悼文集が刊行されたことにも見て取れる。文章を寄せたのは、大田昌秀などの文化人だけではない。屋部地区の住民らの名もあれば、那覇での定宿の経営者の名も見える。当時は健在だった山入端ツルも年下の上野の死を嘆き悲しんでいる。

カタカナしか知らぬまま戦前戦後を生きたツルは、「この本を読むために、辞書から漢字の勉強をしました」と文集で明かしている。

そして、前述の三木健である。おそらく沖縄で最も上野を敬愛した男だ。

「酒好きの人でしたから、みんなすぐ飲み仲間になったのです」と、照れ隠しの言い方しかしないが、『眉屋私記』のあとがきで上野は、メキシコ行きの前、三木から餞別にひと月分の給料袋を未開封のまま受け取ったことを明かし、驚きと感謝を綴っている。

上野が那覇に長期滞在し、ツルの聞き取りをするときには、出勤前の三木が毎朝マイカーでツルの居宅へと送り、昼食用に妻の作った弁当まで持たせたという。

永遠に終わることのない作業に思えるほど、関係者のもとに何年も通い詰め、話を聞き続けた。そんな上野の愚直さに、誰もが尊敬の念を抱いていったのだろう。

この作品をめぐっては、著者の人間的魅力以外にも驚きがある。移民や身売りという、ある種他言をはばかられる家族史の暗部を、微に入り細にわたり親族が語り、あるいは地元での人間関係を赤裸々に描いた内容にもかかわらず、地区の人が作品を高く評価することだ。

山入端ツルと上野英信（写真家・岡友幸撮影）

「ツルさんや小枝子さんのオープンな人柄が大きかったのではないですか」

博物館長の比嘉久はそう推察する。

小枝子は萬栄の弟・萬五郎の長女であり、比嘉自身の妻・ゆり子はその娘にあたる。そう、この比嘉も萬栄の姪を義母に持つ山入端家に連なる人なのだ。上野は屋部に来ると、もっぱら生前の小枝子を頼りにしたという。屋部の住民も多くが協力した。

小枝子の姉の仲村里子や比嘉の妻・ゆり子の話では、ろくに仕送りをしなかった萬栄を悪く言う親族も実際には存在した。屋部の住民にも、微妙な人間関係を描き尽くす作品に眉をしかめる人はいたらしい。それでも「それらすべてが大切な屋部の歴史なのだ」とかばう声が強かった、とゆり子は説明する。実際、屋部公民館では住民が大挙して出版記念会を開いたほか、上野の死後「しのぶ集い」も開かれている。

山入端家は決して屋部の名家ではない。「穴屋造り」に暮らし、家族が離散した無名の家でしかないのだ。にもかかわらず、その家族史が地区全体の物語として受け入れられている。

ここにこそ、十人にひとりが移民に出た沖縄ならではの寛容な空気感がある。私にはそう思えた。

一九八〇年、「沖縄にとって移民とは何か」(『新沖縄文学』四五号)と題した雑誌の座談会で、上野はこう語っている。

沖縄の場合、親兄弟や一門の中から移民として海外へ出て行っていることが、じつに明るく、さわやかに語られているような気がします。(略)本土の場合ですと、まったく反対です。(略)恥ずかしいことであり、他人に知られないようにしたい恥部という感覚が濃密です。そのあたりが、沖縄と本土との移民観みたいなもののいちばん決定的な違いであるように、思われてなりません。

上野英信が遺したもの

作品の後日談はいくつもある。

ひとつは上野がまだ存命中のことだ。彼自身がビザを取得できず、諦めたキューバでの取材を、『琉球新報』が実現してみせたのだ。「世界のウチナーンチュ」という同紙が取り組んだ大型連載でのことだ。ちなみに沖縄県は一九九〇年から世界のウチナーンチュ大会を始めたが、このアイデアは当時の知事・西銘順治《にしめじゅんじ》がこの連載にヒントを得て、思いついたものだと言われている。

キューバ編を担当した記者は、石川善俊という七十七歳のキューバ移民一世に会い、この人物から萬栄の思い出を聞き出している。

その証言によれば、第二次世界大戦後、強制収容所から解放された萬栄は、自動車座席のシートをゴザで編むビジネスを始めて成功した。ただ、自宅に出入りする来客は妻の友人のドイツ人ばかりだったため、ドイツ語を理解しない萬栄はその晩年、孤独感を深めてゆく。死の間際に訪ねた石川には「沖縄が恋しい。沖縄で死にたい」と漏らしていたという。

記事はまた、萬栄の死後、妻子はまずドイツへと引き揚げ、娘マリアはさらにスペインに移り住んで学校の教師になった、と伝えている。

娘マリアの消息はほどなく、意外な経緯で判明した。マリアの思いを汲み、第三者のアメリカ人女性がツルを探し当てたのだ。上野が他界した翌年のことだった。

実は『琉球新報』の記事が出た時点で、マリアは米国マイアミにいた。傍らには、ドイツ料理店を経営するエリーという娘がいて、マリアの生活を支えていた。萬栄から見れば、エリーは孫娘だ。

ある日のこと、料理店に来たひとりの女性客が「ヤマノハ」というエリーの姓を話題にした。沖縄の姓だと知り、その興味はさらに強まったようだった。

女性客は、沖縄の嘉手納基地で働く米軍の関係者で、アメリカにたまたま帰省中だった。沖縄の親族に会いたい、というマリアやエリーの希望を知り、この女性は沖縄に戻ったあと、電話帳で山入端姓の家にしらみ潰しに電話をかけ、一族にたどり着いたという。

最初に電話を受けたのは、那覇でツルと同居していた甥、ツルが母代わりとなり育てた山入端一雄だったらしい。すでに三十年も前の出来事で、一雄自身はもう、このときの電話を覚えていないという。ともあれ八八年の暮れ、マリアとエリーは連れ立って来日し、沖縄でツルたち一族との対面を果たしたのだった。那覇でも屋部でも歓迎の宴が催された。

ゆり子の記憶では、このマリアたちの来訪時に、沖縄側の家族はふたりを石川市(現・うるま市)に住むキューバからの引揚者宅に案内し、キューバの思い出を語り合う場を設けたという。

ゆり子らはその相手をもう覚えていなかったが、私は伝手《つて》をたどり、そのときの家を見つけた。大正期にキューバに移民した夫婦はすでに他界、その家には孫娘が暮らしていた。その孫は一行の来訪時に同席しなかったが、マリアという名前にはうっすらと聞き覚えがあるという。

本当にこの家で間違いないだろうか。不安のなか、室内の書架を見上げると、そこには『火を掘る日日』という上野の著書が置かれていた。七九年の作品だ。首を傾げる女性の許可を得て手に取ると、そこには彼女の祖父・キューバ帰りの伊波伝助にこの本を寄贈した上野のサインが記されていた。

我ながらうかつなことだったが、この引揚者の証言は『眉屋私記』に収められていた。萬栄との面識こそなかったが、キューバでの移民生活を詳細に上野に語っていた。製糖工場やサトウキビ畑で働いたあと、理髪店を開業。商売は順調で、親元には毎月送金できたという。

息子が学齢期になると、日本の教育を与えるため沖縄の実家に預けたが、不運にも沖縄戦に遭遇し、少年兵となり戦死してしまった。伊波自身も日米開戦後、キューバで強制収容所に入れられた。そんな体験も、伊波は上野に語っていた。

八八年の来日以後、マリアたちと沖縄側の交流は、数年間続いた。三木は九〇年と九三年の訪米時にマイアミに立ち寄り、比嘉ゆり子も約四十日間にわたってエリーの家にホームステイした。ドイツ側に親戚がほとんどなく、マリアは沖縄の山入端家を大切に思っているようだった。

「キューバ革命で一家は何もかも失ったが、父親が自分に与えた教育だけは奪われることはなかった」

ゆり子にはそう語っている。

そんな思い出の日々からも二十年以上が過ぎた二〇一六年十一月七日、久しぶりに山入端萬栄の名が『琉球新報』の紙面を飾った。

「名護出身・山入端萬栄さん、マリアさん　親子で強制収容　キューバ」

一週間前に共同通信が「キューバ収容日系人名簿見つかる」と報じた関連記事だった。

文中では名簿にある「山入端マリア」について「名護市屋部出身で同様に強制収容されていた山入端萬栄さんの娘であることが親戚の証言で分かった」などと伝えている。

「何だ、これは」。記事を見た三木は、後輩たちのニュース感覚に思わず苦笑したという。

「新しい情報はない。昔からわかっていることです」

『眉屋私記』は二〇一四年、福岡の海鳥社から復刊されたものの、話題を呼んだ一時期を過ぎれば、作品の感銘は再び世間から忘れられてゆくのだろう。

それでも、比嘉ゆり子は「この記事のおかげでエリーとの連絡が復活したんです」と喜びを口にする。夫・久がエリーのフェイスブックを見つけ出し、高校生になる夫妻の娘が英文でメッセージを書き込んで、新聞記事の話題を伝えたという。

山入端家の人々と上野英信との関わりを中心に、ゆり子は伯母・仲村里子の家で思い出を語り聞かせてくれた。そして彼女にはさらにもう一度、話を聞く機会があった。

写真や資料を見せてもらうため二度目に会ったのは、ゆり子が国語教師として勤務する屋部中学の一室。渡波屋の岩座は、川を挟み、この学校の目と鼻の先にある。

「屋部の子どもたちに何とか『眉屋私記』について伝えたい。中学生が読むには難しいですけどね。私はそう思って定年前、最後の勤務地に屋部中学を希望したのです」

母・小枝子のもとに通い続け、その葬儀やゆり子自身の結婚式にまで駆け付けてくれた上野英信の思い出。「またいとこ」の関係にあるエリーと深く交流したホームスティの日々。『眉屋私記』のもうひとりの主人公ツルは二〇〇六年、百歳で大往生を遂げたが、ゆり子にとって萬栄とツルを軸とする家族史はかけがえのない財産であり続けている。血のつながりのない地元の人々にも、郷土の歴史を深く知るよすがになるはずだと信じている。

作品には彼女の夫・久も若き日に感銘を受けたといい、「あの時代に自由に生きた行動力を誇らしく思います」と萬栄を語っていた。

夫妻とマイアミとの間でいま、連絡役を務めるのは前述した娘だ。海外留学の夢を持ち、熱心に英語を学んでいるという。萬栄から見れば、弟の曽孫だ。

久とゆり子はこの娘が生まれたとき、「万里杏《まりあ》」と名付けている。

第3話

アンデスを越えて

――密林の孤独から生まれた戦後村計画

奥アマゾンのマドレ・デ・ディオス川(1999年，筆者撮影)

戦後のボリビア移民を乗せた「チサダネ号」の出航風景(安仁屋晶氏提供)

原付バイク用の頼りないエンジン音を響かせて、川筋の住民が相乗りするボートはゆっくりと熱帯雨林の川を下ってゆく。時折、巨大なワニの背が音もなく通り過ぎる。

南米ボリビア北東部の奥アマゾン地方。茶色く濁った川の両岸には、生い茂った緑の壁が延々と続いてゆく。人家も橋も見当たらない。上空には抜けるような青空が開けている。

茶、緑、スカイブルー。三色に分割された大自然のパノラマは、二十世紀初頭、この地方に筏《いかだ》で分け入った日本人移民の眼前にも広がっていた。

「土人」という死語同然の言葉がある。

沖縄の反基地闘争の現場で二〇一六年、大阪府警の機動隊員がこの言葉で抗議者を罵り、県民を憤激させる出来事があった。

それでも約半世紀前、私の幼少期には、児童書やマンガで当たり前のように見かけたものだった。差別語という意識はなく、未開の地で独自の文化に生きる人を無造作にみなそう呼んでいた。

一九九九年春、新大陸を南下する貧乏旅行を続けていた私は、ペルーの地で急遽進路を東に変え、内陸国ボリビアに向かうことにした。長らく忘れていた「土人」という表現と唐突に出会い、反射的に決めたことだった。私がまだ南米に移り住む以前、三十代無職のバックパッカーだったころの話である。

ペルーの首都リマにある日系人協会には、駐在員や旅行者が寄贈した古本の図書室がある。私が手にしたのは『世界のウチナーンチュ３』の南米篇。前話で触れた『琉球新報』の連載を書籍化したものだ。

八四年元日から翌年十二月二十八日まで計四百八十四回も続いた連載は、世界各国に住む沖縄出身者や二世を訪ね歩く企画だった。私の目はその本の冒頭、ボリビアの章に出てくる三人目の言葉に釘付けになった。

町にいる子供たちは現地人化しているとはいえ教育を受けているのもいるが、いなかやジャングルのような所に生まれた子供たちは教育もなく土人化している。中には自分の血が日本人であることさえ知らない者もいる。考えるだけでやり切れない。

具志寛長《ぐしかんちょう》という老移民の言葉だ。「七十七歳」と書かれている。

自分が住む奥アマゾン地方の町・リベラルタには最盛期、三百人もの沖縄人がいたのだが、それもいまや数人を残すだけとなった。そんな寂寥を記者に漏らしたあと、若い世代の現状を嘆いたのだ。どんなに不出来な子や孫にも、ここまでの言い方は普通しない。いったい実情はどうなのか。沸き起こる関心を私は禁じ得なかった。

そのときの私は十三年間の新聞社勤めを辞め、ぼんやりとした旅のなかに疲れを癒すつもりでいた。にもかかわらず、老移民の言葉は、私のなかの〝ブンヤ根性〟を再び呼び起こしてしまったのだ。

ボリビア、ふたつの移民史

ペルーとブラジルに挟まれたボリビアでは、西端を南北にアンデス山脈が走り、中央から東部にかけ、ブラジルへと続く広大な低地がある。インカ帝国の昔から人口の大半はペルー寄りの山岳部に集中し、その裾野は長らくジャングルのままだった。日本人が移り住んだのは、この低開発地域だ。

この国への移民は、ふたつのカテゴリーに分けられる。第一のグループは、明治末期から大正期、赤道に近い北東部・奥アマゾン地方に入り込んだ戦前の移民。もうひとつは一九五〇~六〇年代、同じ東部低地でも中南部、亜熱帯のサンタクルス州に集団移住した開拓者だ。

南米と多少接点のある人でも、この前者、奥アマゾンの戦前移民について知る人はあまりいない。たとえば、一九九〇年ごろ始まった日本へのデカセギで見た場合、「日系ボリビア人」としてイメージされるのは、ほとんどがサンタクルス州出身の二世、三世だ。日本人が開拓した集団移住地で生まれ育った人たちには、母国語のように日本語を操る人が大勢いる。

ところが、同じボリビアからのデカセギでも、一部にはまるで違うタイプがいた。奥アマゾン地方に入った戦前移民の三世である。日本人の血を祖父から受け継いではいるものの、たいていの場合、祖父の配偶者は〝非日系〟の現地女性。〝クォーター〟の三世は、彫りの深い顔立ちや大きな目、浅黒い肌の外見から、日系の特徴を見つけるのは難しい。カタコトの日本語も受け継いではいない。具志寛長が「土人化」と言ったのは、なかでも貧しい環境で育ち、現地の初等教育さえ満足に受けなかった人たちのことだ。

「沖縄人」という観点から、少し整理しておこう。

まずはメジャーな戦後移民から。上野英信が『出ニッポン記』の取材で南米を旅した際、サンタクルス州のふたつの移住地を訪問したことは、第2話で触れた。長崎出身者を中心に本土移民が開拓したサンファン移住地と、沖縄出身者のオキナワ移住地だ。

戦前の日本では、民間の移民会社が全国から希望者を募集して、海外の農園や鉱山で働く契約移民として送り出すパターンが一般的だった。実際には満足な金額を貯められず、少なからぬ移民が契約満了後もさまざまな仕事をして、移住国に定住した。沖縄の移民たちもそうだった。

戦後の移住は民間事業でなく、過剰人口の解消を目指す国策として行われた。外務省の外郭団体に「日本海外協会連合会（海協連）」（現・国際協力機構＝ＪＩＣＡ）という組織がつくられて、実務を担当した。受け入れ国政府との事前協議で移住地を確保したうえで、自作農を目指す農業移民を送ることが多かった。ただ、移住地は往々にしてずさんに選定され、農業経営が成り立たない土地もままあった。このため国家賠償請求訴訟になったドミニカなど、トラブルがしばしば発生した。

サンファン移住地でも似た問題があった。あまりに過酷な原始林の開拓に、累計で千六百人ほどになる入植者の約八割が脱落し、国内外に離散してしまったのだ。

戦後、米軍統治下に置かれた沖縄は、この〝国策移民〟の対象外だった。外地から多くの人が引き揚げて、過剰人口になったことは本土と変わりない。そればかりか米軍の強制的な土地接収への不満も重なって、人々の移住願望は本土以上に強かった。

そこで、琉球政府が米軍の協力も得て手掛けたのがボリビアへの移住だった。オキナワ移住地への入植者はサンファンの倍以上、十九次までに約三千四百人にのぼったが、環境の過酷さはこちらでも変わらず、やはり約八割は途中で脱落・離散してしまった。

現在のボリビアでは、〝百五十万都市〟の州都サンタクルス市を中心に、さまざまな職種の日本人が各地にいる。そんな人たちも大半は、両移住地の元入植者だ。ボリビア日系人協会連合会という全国組織のほか、本土系、沖縄系それぞれのコミュニティがあるのも、そのためだ。

ボリビア最北部のベニ州とパンド州、つまり奥アマゾン地方の状況はまるで違う。いまでこそ一帯に

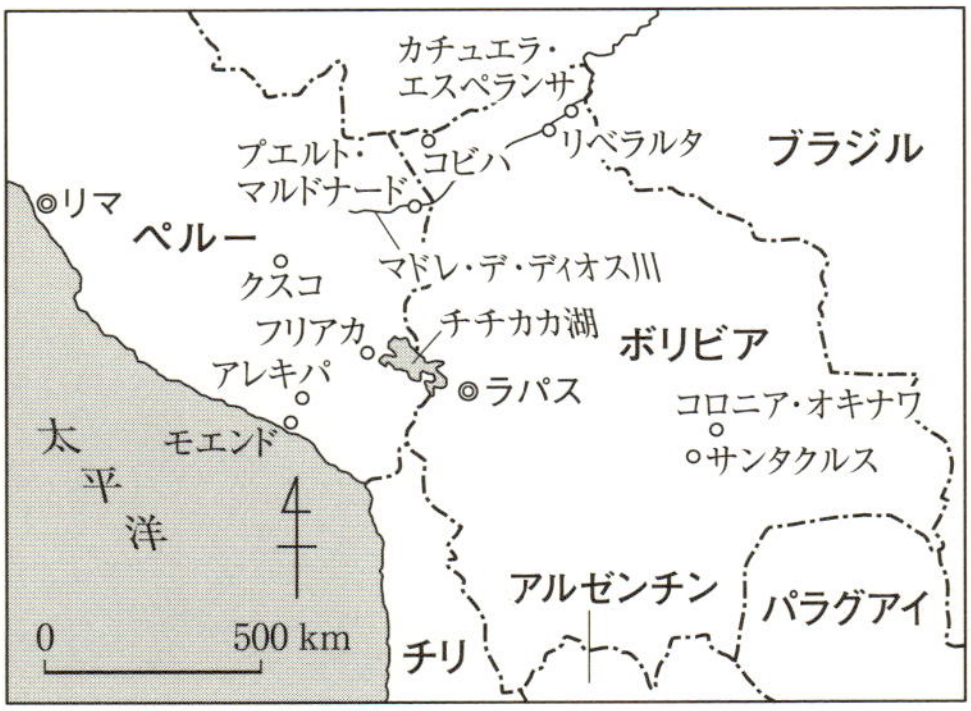

一万人近い日系人の存在が推定され、主要な町の日系団体は連合会に所属しているが、日本へのデカセギが約三十年前に始まるまで、この地方では日系コミュニティが消滅しかけていた。

具志寛長のインタビューは、そんなころに行われたものだ。日本へのデカセギ現象は金銭トラブルや偽装養子縁組など醜悪な混乱を招きつつ、とめどない〝現地人化〟〝土人化〟への流れを食い止める役割も果したのだ。

奥アマゾンにおいても沖縄移民は多数派であった。戦前、この密林地帯に入り込んだのは、アンデス山脈の向こう、ペルーの太平洋岸にいた日本人だったからだ。

ボリビアの奥アマゾンに流れてきた人は「ペルー下り」と呼ばれ、総数は一千人とも二千人とも言われる。ペルー移民の六〜七割を沖縄出身者が占めていたことは、すでに「はじめに」で触れた。「ペルー下り」に関しても、出身地の内訳は似たようなものだったろう。

百年前、秘境の地に築かれた〝流れ者コミュニティ〟の盛衰と、戦後移民による過酷な原始林の開拓。ふたつの物語はまったくの別モノに思えるし、戦後移民の多くは、辺境のベニ州、パンド州に行ったことさえない。

それでも、沖縄移民の歴史だけは、この国でも戦前から戦後に細々とつながっている。リベラルタの具志寛長はまさに、この〝ふたつの物語〟をつなぐ立場にいた。

改めて単行本『世界のウチナーンチュ3』のボリビアの章を見てみると、『琉球新報』の記者は八四年七月、オキナワ移住地の「入植三十周年記念式典」に合わせて現地取材をしたと思われる。この章に登場する十八人のうち、十五人までがオキナワ移住地やサンタクルス市の在住者である。アンデス高地にある事実上の首都ラパス（法制上の首都はスクレ）にも足を延ばし、ふたりの人物に会っているが、ただひとり具志寛長の項だけは、記者がその自宅を訪れた形跡がない。

文章にも写真にも、彼の家や町の様子が一切見えないのだ。具志がリベラルタから移住地の式典に出席し、取材はその機会に行われた。そうとしか思えないのである。本の写真は、奥アマゾンの熱帯気候には似合わない背広姿で撮られている。

実際、約一千キロ離れたベニ州のリベラルタは空路を利用しない限り〝ちょっと足を延ばす〟のは困難な場所だった。現地への幹線道路はほとんどが未舗装の悪路だ。順調にいけば車中一泊の長距離バス移動も、降水でぬかるみがひどければ片道一週間近い旅になりかねない。車両ごと筏で川を渡る場所も数か所ある。

私は初回のリベラルタ訪問時、ペルー領内から川船のヒッチハイクをした。戦前の「ペルー下り」ももっぱら河川を利用して移動したからだ。

戦後移民が会った具志寛長

一九九九年当時、具志寛長はすでに他界、戦前のリベラルタを日本語で語れるのは、「ペルー下り」の祖父に呼び寄せられ、少女時代にやって来た熊本出身の老婦人だけになっていた。

人口は当時約七万、赤い土ぼこりが舞う田舎町だった。見た目では区別がつかないが、話しかけると日系人を名乗る人がそこかしこにいた。ベニ・パンド両州を見渡せば、いくつものアマゾン川支流に、「バラッカ」と呼ばれる丸太小屋の小集落が広範囲に点在し、そういった村々にも日系人はいた。

バラッカで現金収入になり得るのは、「アルメンドラ」と呼ばれるアーモンドに似た木の実を拾うことくらい。あとは焼き畑の原始的な農業で自給自足の暮らしを送っていた。床板のない土間の小屋も多く、雨の日はすぐ水浸しになってしまった。

祖父の名を聞いてもわからない日系人が多かった。その当時は、日本へのデカセギを目指すため、多くの日系人が現地の出生証明書や日本の戸籍を取り揃えるようになっていたのだが、それまでは祖父の日本名を知る人は、ごく一部に限られていた。

漠然とではあったが、私はこのときのリベラルタ訪問で、具志の言っていた「土人化」のニュアンスを理解した気がした。

そして二〇一七年。私は本書の取材のため、改めてボリビアでの見聞を掘り下げてみることにした。沖縄で資料や情報を集めるうち、生前の具志をよく知る人物が、那覇市に健在なことが判明した。安仁《あに》屋晶《やあきら》。当時八十五歳。もともとはオキナワ移住地の入植者で、一九六八年にＪＩＣＡ（当時・海外移住事業団）の現地職員となり、九三年の退職後に帰国した人だった。

ちなみにオキナワ移住地は沖縄県の本土復帰に先立つ六八年に事業団の管轄となり、移民たちにはこの年から日本のパスポートが交付されている。

安仁屋は十九次にわたる移民団のなかでも、その先陣を切る一次移民二百七十五人のひとりだった。「銃剣とブルドーザー」と呼ばれる米軍の強引な土地収用が問題化した時代。人々の怒りは「島ぐるみ闘争」と呼ばれる反基地運動へと向かったが、一方で農村部の住民には、土地不足の閉塞感を打破するため、海外移住を希望する声が高まった。ボリビアへの一次移民四百人（結果的に一次・二次に分割）の募集には約四千人もが殺到した。

首里市（現・那覇市）の教員夫婦のもとで育った安仁屋は、琉球大学の事務局に職を得ていたが、母親がまず移住に乗り気になり、父と兄、妹と四人ひと組の「家族移民」として応募した。安仁屋だけは母親に指示されるまま、「単身移民の部」に申し込み、結果的に一家族とひとりがそれぞれ合格した。

人生の　波乱を選ぶ　愚か者

安仁屋は、七十三歳のとき人生を回顧する著書『コンドルの舞う国』を刊行し、若き日の心境を詠んだそんな句を載せている。

五十一日間の船旅のあと、ブラジルから鉄道で一週間の旅を経て、サンタクルス市郊外に到着した。駅舎もホームもない野原の終着駅に降り立ってボリビア政府関係者の歓迎を受け、五台のトラックに分乗して開拓予定地へと向かった。その場所で一行を迎えた戦前移民のなかに具志はいた。予定地は中心部だけ木々が伐採され、丸太小屋の宿舎建築が進んでいた。戦前移民が前もって準備をしていたのだ。

『うるまからの出発《たびだち》――コロニア・オキナワ入植40周年記念誌』によれば、この初日、予定地の広場では、大鍋で牛肉のスープが用意されていた。具志は安仁屋たち一行にこう挨拶したという。

「沖縄民俗《ママ》発展の基礎をこの地に築き上げて戴きたく希望します。ボリビアは次の世紀にむけて、発展の可能性を大きく秘めた国であります」

安仁屋は「新移民」「旧移民」という言い方をする。彼ら一次移民と翌月到着の二次移民、計約四百人の新移民はとくに、旧移民と接する機会が多かった。開拓初期の時期、具志たち旧移民は五キロほど離れた川べりの小屋から日参し、新移民とともに密林の伐採に汗を流したためだった。

「旧移民の大半は四、五十代。具志寛長さんはそのリーダー格でした。きちんと教育を受けられた方、という印象で、うかがうと嘉手納の県立農林学校の卒業生でした。私たちはまったくスペイン語がわかりませんでしたから、通訳や各種手続きでずいぶんお世話になりました」

具志寛長（安仁屋晶氏提供）

旧移民とそんな親交があったせいか、安仁屋は事業団職員になって以降、休暇に何回も奥アマゾンを訪ねている。前述した『コンドルの舞う国』には、そんな見聞や戦前移民史も綴られている。

具志寛長については、その弟・寛市と一緒の紹介文がある。

〔寛長、寛市の兄弟は〕一九三三年にブラジルに移住、ジュキヤ〔ジュキア、サンパウロ州沿岸部の町〕で三年間農業を営む。一九三六年父の寛次郎氏〔大正八（一九一九）年ペルー契約移民、翌年ボリビアに入国〕はリベラルタ市近郊で牧場経営をしていてブラジルにいる息子二人〔寛長家族と寛市〕を呼び寄せた。二人はブラジルからアマゾン河を遡上してリベラルタに転住した。

具志家では、ふたりの父・寛次郎が「ペルー下り」だったのだ。

「具志さんを含め、私たちを出迎えてくれた旧移民にはもう、シリンゲーロとして働いた世代はいませんでした」

「シリンゲーロ」とは密林に住み、天然ゴムの木から樹液を採取する労働者のことだ。そう、ペルーの日本人を奥アマゾンに引き寄せたのは、二〇年ごろまで最盛期だった「空前のゴム景気」だった。十九世紀末、米国の自動車用タイヤ生産で沸き起こったアマゾンのゴムブームはしかし、ブラジルから種子が持ち出されマレー半島に大規模なゴム園が広がると、あっけなく終息した。シリンゲーロだった多くの日本人もこの地を去って行った。

リベラルタは一円からゴムを集め、加工・出荷する集散地として栄えた町だったが、具志兄弟が移り住んだ三六年には、すでにその活気を失っていた。

ただひとりの元シリンゲーロ

「あの人は、ほかの旧移民とは違いました」

安仁屋が強調したのは、新垣庸英《あらかきようえい》という沖縄人。いくつもの意味で新垣は〝特別な人〟だった。戦後移民が出会った旧移民のなかで唯一の〝元シリンゲーロ〟だった。別格のスペイン語能力と現地社会、諸制度への知識を持つ企業経営者でもあった。開拓地でともに汗を流すことはなかったが、サンタクルス市でソーダ工場やカフェ、旅行会社を経営し、行政との交渉ごとがあれば、労を惜しまず新移民を支援した。「私設領事」とまで敬われる人だった。

若き日に奥深い密林でゴム樹液の採取に明け暮れていた人がなぜ、そのような立場になり得たのか。安仁屋の本などによれば、新垣が企業家になったのは、次のような経緯をたどってのことだった。

出身地は国頭村《くにがみそん》。一九一七年、親族を頼ってペルーに移住、シリンゲーロとして六年ほどボリビア・パンド州で働いたあと、不況の到来で解雇されてしまう。ペルーのリマに戻り一念発起して会計士の資格を取り、何人もの会計士を雇う事務所を営むまでになった。他の移民同様、いずれ帰国するつもりでいた新垣は、日本の学校に行かせるため四人の子どもを沖縄に送ったが、三人を沖縄戦で失ってしまった。

戦後は旅行会社を始め、五二年に一時帰国、我が子と同じ境遇で沖縄にいた二世約四十人をペルーに連れ帰ろうとした。しかし、戦争による長期の国交断絶が尾を引いて再入国が滞り、二世たちは隣国ボリビアで長期間待機を強いられた。新垣本人も、サンタクルス市に定住を決めた――。まさに波瀾万丈と言うしかない半生であった。

新垣は、アンデスを越える「ペルー下り」の体験を克明に記録した史料「新垣庸英日記」の作成者としても知られている。その内容に触れる前に、それ以前のペルー移民の状況も少し見ておこう。

日本からのペルー移民は一八九九年、「佐倉丸」による第一航海に始まり、沖縄勢は一九〇六年の第三航海から加わった。当初の移民はほとんどが四年契約の農業労働者で、太平洋岸の砂漠地帯に点在するサトウキビ耕地に配された。しかし各耕地での処遇は、農奴同然の劣悪なものだった。

一九一〇年ごろ、沿岸部の町で雑貨店や宿屋を経営する八木宣貞《やぎせんてい》という沖縄人がいた。彼自身、のちに「ペルー下り」を経験する人だが、当時はサトウキビ耕地から逃亡する移民を積極的に助けていた。ペルー新報社編『在ペルー邦人75年の歩み』にこんな記述がある。

食うや食わずで途中追剝《おいはぎ》にあい婦女子は暴行を受けた、というグループを家に収容して衣食を与え、休養させ（略）力尽きて八木宅で死亡した者は埋葬、墓参をした。

八木自身、ある耕地を訪ねたときの衝撃を後年、こう記している。

移民の部屋を一巡した。戸のあいておる所は病人がいた。十四戸位あいておる所があった。二ヵ所には死人もいたので、筆者は仕事をしている人に「なぜあの死人の葬式をしないのか」と聞いたら、曰く「大抵二、三人一緒に葬式をします。一人の死人に十人位休んだら文句をいわれて大変ですよ」と。

（八木宣貞『五十年前後の思い出』）

契約期間を終え、あるいは途中で逃げ出して、移民たちはリマなどの都市を目指した。同胞を頼り、多くはまず露天商となり、少しずつ雑貨店、理髪店、仕立て屋、食堂などの店を持つようになる。あるいは郊外で借地農から自作農になってゆく。これらがペルーの日本人移民に多いパターンだが、サトウキビ耕地を出た移民にはもうひとつ、〝奥アマゾン行き〟という選択肢があった。

猛獣住み人跡稀で其《そ》の間に無限の宝を蔵し居ると云うボリビヤ国へ、好奇心にかられて一攫千金の夢を見つつ住み馴れし都を捨てて立出しは去る大正六年も夏……。

新垣庸英の日記は、そんな書き出しで始まっている。

総勢三十八人でリマを発った一行は、まず船旅でモエンドという南部の港に行き、そこから列車に乗りアンデスへと上った。チチカカ湖畔のフリアカという駅で降りてからは、馬に乗り、あるいは徒歩でアリコマ峠へと向かった。

寒風はビュービューとうなり出し雪は積り、天は星一つ見えん真暗やみで道も見分け兼ね先頭の足音を追って進み……。

防寒のため頭から毛布をかぶっての道中には、力尽きた日本人の墓標も立てられていたという。時に冠雪する山々の美しさに息を呑み、時に人ひとり通るのもやっとの断崖絶壁に足をすくませつつ、行程はやがて下り坂となり、一行は熱帯の密林地帯へとアンデスを下ったのだった。

奥アマゾンの盛衰

記録に残されたゴム採取時代の奥アマゾンの情景は、曰く言い難い幻想的なイメージに包まれている。シリンゲーロたちは一帯の支流に散り、バラッカに住み込んで働いた。一日中密林を歩き、ゴム樹液を採取する。豹などの猛獣に備え、銃を携行した。集めた樹液は炎で燻《くすぶ》らせ、ひと抱えもあるゴム玉にする。巡回する業者の船にこれを納入し、食料や衣類も船から調達した。

密林での暮らしはそんな原始的なものだったが、リベラルタにはカジノや酒場があり、男たちは時に町に出て、享楽に身を委ねた。

私が現地で何より印象的だったのは、リベラルタの少し下流にあるカチュエラ・エスペランサというこぢんまりとした〝ゴーストタウン〟に足を踏み入れたときのことだ。

それはまるで、廃墟と化したテーマパークだった。

朽ちかけた建物はいずれも木造だが、どれも手の込んだ欧風建築ばかり。豪華な私邸のほか、ゴム会社の事務所、学校、病院、そして劇場が映画のセットのように建ち並んでいた。ニコラス・スワレスという九州と四国を併せたほどの面積を支配する大地主、ゴム王の名をほしいままにした一族と、スワレス商会の幹部社員だけが住む〝王国の心臓部〟だった。

スワレス邸はとくに細部にまで装飾が施されていた。スワレスはゴム工場の技術者に多くのドイツ人を雇用したが、この家を建てたのは日本人の建築家だったという。周辺に住み着く古老の話では、この家を建てたが、「ペルー下り」に入り交じる大工や庭師など手先の器用な日本の職人も重用したと言われている。

屋敷の内部は、随所で床が剝ぎ取られていた。聞けば五二年のボリビア革命の際、大量の金塊が隠されているという噂から、ボリビア軍兵士が探し回った跡だという。

リベラルタのカジノにスワレスが現れることもあったらしい。負けが込み、悄然《しょうぜん》とする日本人に声をかけ「これもすったら明日から山に戻るのだよ」と金貨を手渡していたという。

前述した八木宣貞の『五十年前後の思い出』には、川旅の途中豪雨に遭い、スワレスのバラッカに泊めてもらった体験も記されている。長い髭を蓄え、「トルストイを思わせる風彩」のスワレスの生活は「アラビアンナイトに出て来る千夜一夜の様であった」という。

十二、三人の若い侍女を左右に侍らして昼夜交代で翁のおもりをして居た。年は十三才位から十六歳迄位とか　この少女たちは二十位あるバラックから撰抜《（ママ）》された美女である。

リベラルタを訪れたブラジル在住者のこんな記録もある。

リベラルタの多少ゆとりのある者は、貧乏人や土人の女の子をもらって育てる風習がある。(その子どもらが)十五、六歳になると駄菓子を作って売りに出す。例えば、ペルーから流れて行った日本人が五人なり十人なりで一軒の家を借りて住む。そこに小娘が駄菓子を売りに来た場合、全部買ってしまうと、洗濯もしてくれればご飯も炊いてくれる。もうひとつおまけがある。娘は自分の身体まで提供するのである。そのうえ、この小娘たちはポンド(英国金貨・当時の現地流通貨幣)さえ投げ出せば、いつでも買い受けて自分の女房にされる。

(一九一二年、サンパウロ人文科学研究所『研究レポートⅣ』鈴木南樹論文＝大意)

その一方、『世界のウチナーンチュ3』では、具志寛長がこんなことを記者に語っている。

(「ペルー下り」は)ほとんどの人が、ここでひともうけして沖縄に帰ろうという人たちで、独身男性ばかりだった。一九一四年には沖縄県人会がいち早く結成され翌年日本人会(正式名称は日本人協会)が結成されたが、その規約には現地女性との結婚を禁止する項目があった。結婚すれば出稼ぎの精神を忘れ、日本へ帰ることができなくなってしまう(略)。

それでも、この〝掟〟はなし崩し的に有名無実化してしまったという。

私は九九年のあと二〇〇五年にも奥アマゾンを訪ね、高齢の二世に話を聞き歩いた。印象的だったのは、その多くが自分の父親たち一世の晩婚を指摘したことだ。

「だから私たちは幼いころ父親と死に別れ、その記憶がほとんどない」

五十歳、六十歳という年齢で、娘のような十代の現地女性と結婚した――。裏返して考えれば、そんな年齢まで家庭を持たない人が多かったのである。結婚へのためらいは、具志が言うように、帰国願望との葛藤だったのだろうか。

リベラルタに残る

ゴム景気は去ったのに、一部の移民はなぜ、リベラルタや川筋の集落に残ったのか。理由は人それぞれだろうが、要は帰るタイミングを逸したのだ。本土の移民であれ、沖縄移民であれ、まとまったカネを貯めてふるさとに帰る、とくに戦前移民は圧倒的多数がそう考えていた。

しかし、そうであれば、ゴム以外に稼ぐ術のないこの地方に長居は無用だった。景気の回復を期待してずるずると長期滞在し、蓄えを失ってしまったら、元の木阿弥である。

もしかしたら、壮年期に差し掛かってようやくそれを認識し、ある意味、帰国への未練を断ち切るため結婚した人もいたのかもしれない。故郷の親族の期待を裏切って、手ぶらで帰国することなど、できるはずがなかった。

具志が語るように、リベラルタでは一九一〇年代、沖縄県人会に続いて日本人協会がつくられた。安仁屋の本によれば、初代県人会長となったのは、国頭村出身者で日露戦争に従軍した元軍人・上原松四郎、周囲から〝軍曹〟と呼ばれる人だった。

あだ名通りのいかつい性格だったのか、上原会長率いる県人会の会則と、日本人協会の会則を比べると、前者のほうが厳格で、たとえば着衣の乱れや飲酒による不祥事、会員の葬儀への遅刻・欠席まで、罰則を定めていたという。

日本人協会は二五年、日本人同士の殺人事件をきっかけに一部会員が脱会し分裂、両団体は再合同に至る二八年まで対立した。沖縄県人も両派に分かれたのか、その辺りの詳細はわからない。

戦前の協会議事録は私もその写しを手に入れたが、殺人事件直後には脱走経路となり得る川筋の各ルートや陸路のポイントに会員が手分けをして捜索隊を出すことが話し合われている。地元警察に先駆けて犯人を見つけ出し、在留邦人の面目を保とう、という強い意志が読み取れる内容だ。

このように地元との融和に気を配った努力は、第二次世界大戦が起きたときに報われた。ボリビア政府は四二年一月に日本と断交、四月には連合国への参加を決定した。隣国のペルーと同様に、主要な在留邦人の資産は凍結され、ラパスでは計二十九人が米軍機でアメリカの強制収容所に送られてしまった。

政府の指令はリベラルタ市にも届き、四三年三月に市長や地元郡長と日本人リーダー十三人との秘密会談がもたれた。

議事録によれば、市側からの説明のあと、書記として出席した具志によって、自身を含む十一人の名が強制収容者リストにあることが告げられた。これに対し郡長はこの事態を「やむを得ない」としながらも、「輸送機が飛来したときは速やかに家を離れ、どこかに隠れてください」と呼びかけたという。

吾等は皆様とは、兄弟も同じようにして暮らしており貴殿等をヤンキ等《ママ》に引き渡すような事は出来ません。殊に親類関係にある者が多くて断じてヤンキ等の言うようにはさせませんから安心して下さい。

（「リベラルタ日本人協会議事録」）

戦後一九五〇年、リベラルタの日本人協会は日本人会と名称を改めて再結成されたが、『日本人移住一〇〇周年誌　ボリビアに生きる』によれば、会員の高齢化もあってのことだろう、七八年まで活動記録は残されていないという。

市内中心部、公設市場の脇にある日本人協会──日本人会の事務所は、その後二世を中心とした日ボ文化センターとなり、日本政府の援助で改築されている。内部には昭和天皇と皇后の「御真影」を飾った奉安殿が残されている。

現地の老二世が父親の思い出をほとんど持たなかったのは、少年期の死別だけが理由ではなかった。彼らはこんなことも語っていた。スペイン語が驚くほどへたで、不愛想だった。働き者ではあったが、妻子と打ち解けて語り合うことがほとんどなかったと。

しかし一世は「パイサーノ」と会うときには、別人のようだったと彼らは言う。「同郷の人」を指すスペイン語だ。日本人の私が現地を旅すれば、日系の血を引く人々は「パイサーノ！」と声をかけてくれるが、老二世たちがこの文脈で言ったのは、「日本人同士」ということだ。

戦前、ビリヤード台が置かれていた日本人協会の事務所では、一世がいつも日本語で何ごとか楽しげに語らっていた。その笑顔は、家族に見せる表情とはまるで違っていたという。

沖縄旧移民が見た夢

一九四八年、アメリカの沖縄県人の運動に呼応する形で、ボリビアではリベラルタやラパスを中心に沖縄への募金運動が広がった。郷土から新移民を受け入れる構想はその過程で発案され、五〇年一月、リベラルタの沖縄移民らはこの壮大な事業を立ち上げる総会で、実行委員長に具志寛長を選出した。以後彼らは候補地の選定やボリビア・琉球両政府への働きかけを進めてゆく。

気がつけば、寂れゆく辺境の地で同胞と肩寄せ合い、生きることになった移民たち。穏やかだがうら寂しいそんな日々のなか、故郷沖縄への貢献策として持ち上がった新移民受け入れは、四十代になるかならないか、若手の部類だった具志たちには、一念発起、後半生を捧げるに足る夢に映ったに違いない。

現在でこそボリビア最大の都市となったサンタクルス市も、当時は人口わずか五万人、タクシーも二、三台しかない田舎町だった。その郊外に開拓予定地を定め、具志たち有志約十人は牛車に乗り、旅立ったのだった。

旧移民のなかには、新移民に合流し移住地の一員となった人もいる。当初は具志もそう考えていた気がする。何しろこの新しい集団では日々日本語で、いや、島言葉で仲間と語り合うことができるのだ。

だが、現実はあまりに残酷であった。

具志たちが準備をし、伐採も始めていた当初の予定地は、一次移民到着からわずか四か月で放棄されることが決まった。理由は風土病と水害であった。

沖縄戦後移民の入植地は当初、「オキナワ」でなく「うるま移住地」(「うるま植民地」と書かれることもある)とされていた。安仁屋晶が具志たちと出会ったのも、その最初の土地だった。

熱病による死者第一号が出たのは、十月末。病人はその後も相次いで、十二月には三人が死亡した。しかも雨季の到来で大雨が続き、近くの川が氾濫、一帯は水浸しになってしまった。ドラム缶を使った筏で町の病院に運ぶ途中、息絶えてしまった人もいた。

十二月二十六日、移民たちの総会で、うるま移住地の放棄と代替え地への移動要求が決まった。

翌年には医師が派遣されたものの病人の続発は収まらず、七月にボリビア政府が用意した一時避難地に移動して、ようやくパニックは収束した。移民たちが「うるま病」と呼んだ熱病の犠牲者は計十五人に及んだ。

新たなオキナワ移住地に移動が完了し、開拓が始まるのは、さらに一年後のことだった。

具志はうるまの放棄が避けられなくなった段階で集団を離れ、しばらくサンタクルス市で過ごしたあと、リベラルタへと帰っていったという。

「寂しかったですね。本人の口から直接思いは聞いていませんが、やはり、うるまでの失敗に責任を感じたのだと思います」

平均して八割が挫折した移住地の開拓。うるま病パニックの渦中ではなおのこと、他人の去就など気にする余裕はなかったであろうが、安仁屋は具志の離脱を記憶にとどめていた。

沖縄で私はもうひとり、具志寛長らボリビア旧移民を記憶する人と会うことができた。

那覇市栄町の飲食街、あの「ＳＵＤＡＫＡ」(第１話参照)があった場所からほど近い一角に「オーラ!!アミーゴ」というカラオケスナックがある。この店のママ・赤嶺カオルは五七年、小学校一年生のとき、第四次移民としてボリビアに渡った家族の一員であった。

彼女の父親は土地配分をめぐる不満から、移住地への入植を取りやめて、サンタクルス市内の土地で牧場を始めた。

移住地の人々は開拓にもがき苦しむ日々、交通事情も悪かった。サンタクルス市の小学校に通ったカオルが、移民船で知り合った同世代の友だちと再会するまでには、約十年もの月日が必要だったという。

子ども時代から牛乳の販売を手伝い、一時期はあの新垣庸英の営む喫茶店「ソーダ・サクラ」でも働いた。十六歳で沖縄出身者と結婚、夫婦で海外移住事業団の現地職員となった。

「旧移民の人たちはよく知っていますよ。具志さんもサンタクルス市に少しいましたし、父の牧場に住み込みで働いていた旧移民もいましたから」

そして、少し言い淀むようにしてこう語った。

「正直な話、新垣さんを除けば、旧移民の人たちは尊敬される立場ではありませんでした。最初は通訳として頼りにされたけど、そのうちスペイン語がうまくないこともわかってくる。農業の知識も古臭い感じでした」

確かに私自身、リベラルタで日系人の畑を見て、焼き畑農業の原始的手法に驚いた記憶がある。十倍もの競争率を勝ち抜いた戦後移民との間では、農業の夢を語っても話は嚙み合わなかっただろう。うるまの失敗を別にしても、新移民との心の隔たりは避けられなかった気がする。

それでも、ボリビア国内でいま、サンファンとともに屈指の先進農業地区を形づくるオキナワ移住地の存在は、具志をはじめとする戦前移民の存在なくしてはあり得ないものだった。具志自身が思い描いた形とは違っても、その事実は揺るがない。

沖縄からの記者と出会い、奥アマゾンの風土に埋没する子孫への寂しさを吐露してから五年後の八九年、具志寛長は八十二年に及んだ人生をひっそりと終えた。

第4話

日の丸は踏めない

――ブラジル「勝ち組」老移民の帰郷

サンパウロ州ペドロ・デ・トレドで，ひたすら天皇からの帰国命令を待ち続ける勝ち組「報国同志会」メンバー．東の空へ向かっての礼拝を欠かさなかった（1973年，藤崎康夫編『日本人移民2　ブラジル』より）

1954年，ブラジルから引き揚げた直後の宇根良治と子どもたち．良子は中央で左隣は「沖縄の姉」，右手はともにブラジルに育った兄と弟だ（玉木良子氏提供）

思想戦――。

その昔、大人たちの会話から聞き覚えた言葉なのだろう。ブラジルにいた少女時代の記憶を手繰り寄せながら、老婦人はその静かな物腰に似合わない武張《ぶば》った表現を何度も口にした。

「奥地では日本人同士の殺し合いもあったと聞きました。私の家族が住むジュキア線(沿線)では、そこまでのことはありませんでしたが、それでも思想戦はありました。日本を信じようとする人を、同じ日本人が陥れる。ブラジルは当時、そんな時代だったのです」

玉木《たまき》良子《りょうこ》、八十四歳。ブラジルでバナナ農園を経営する移民家庭に生まれ育ち、一九五四年、帰国する父親に付き添って、兄とともに沖縄に〝移住〟した。二十代は米軍基地前で洋裁店を営み、やがて医学生と結婚。勤務医から病院経営者にまでなった夫の生涯を傍らで支えた。

そんな彼女が宜野湾《ぎのわん》市の自宅で語ってくれたのは、ブラジルでの十代、父親が「勝ち組」の危険人物として服役し、一家が不安のどん底に陥った日々のことだ。

「勝ち組」とは第二次世界大戦の終結後、祖国日本が降伏した報せをデマとして、敗戦を認めなかった移民たちを指す。現実を受け入れて周知しようとした「負け組」の同胞と激しく対立した。

同時代には自らを「信念派」と呼んでいた。「認識派」を名乗る相手方を、憎悪と侮蔑を込め「敗《はい》希《き》派《は》」(敗戦を望む者たち)などと呼んだものだった。

この時代、「勝ち負け」の対立は、戦勝国アメリカを含め、いくつもの国で発生した。ブラジルでの混乱はとくに大規模・激烈で、長期間続いた。勝ち組の過激派は負け組要人を襲撃する二十数件のテロ殺人まで起こし、暴行や傷害事件となればその被害は両勢力に及んだ。

実情を知らない母国の人々は、数年遅れで風聞を伝え聞き、勝ち組を狂信的な特異集団と受け止めた。実際には、ブラジルでは勝ち組こそ多数派で、負け組は二、三割しかいなかった。

簡単には理解しにくい集団心理だが、近年は勝ち組の異常性だけに注目せず、勝ち負け双方が傷ついた社会現象として、問題の全体構造を掘り下げる専門家が増えている。現地邦字紙『ニッケイ新聞』の編集長・深沢正雪《ふかさわまさゆき》もそのひとりだ。二〇一七年三月刊行の『「勝ち組」異聞――ブラジル日系移民の戦後70年』という著書に、彼の見方がまとめられている。

それによれば、邦人社会の分裂に至る伏線は、開戦の前夜から敷かれていたという。

勝ち負け抗争の背景

本書でこれまで触れてきたように、戦前の日本人移民は大部分、一時的な出稼ぎを前提とする人たちで、永住を覚悟して渡航した人はごく少数。一方で現実には、五年や十年の移民労働で錦衣帰郷を実現できた人は、さほどいなかった。

戦争の足音が近づくにつれ、邦人社会を取り巻くブラジルの環境は急変した。国家主義的なジェトゥリオ・ヴァルガス独裁政権は、ブラジルに溶け込まない日本人移民を危険視し、一九三八年には、日本語学校での教育を全面的に禁止した。

片や邦人社会の内部では、母国の影響から国粋的「日本精神」を称揚する動きが強まった。日米開戦の直前には、「大政翼賛同志会」という大規模な愛国団体が結成され、のちにこれを母体として勝ち組の巨大組織「臣道連盟」が誕生する。

開戦後、ヴァルガス政権は在留邦人への圧迫をより一層強化した。邦人社会の指導者に対象を絞り、スパイ容疑で逮捕したり、その資産を凍結したり、時には逮捕・勾留者に水責めの拷問まで行った。

この〝一部の人々への弾圧〟が、コミュニティに亀裂を生む。標的とされたリーダー層の間に恐怖心が広がる一方で、純朴な庶民階層の移民たちは、反日的な現地の環境に憤慨し、母国の必勝を念願して結束する動きを強めたのだ。

そして四五年八月十五日、玉音放送を機に、リーダー層と庶民階層の分裂は決定的となる。衝撃的な敗戦の報せは、瞬く間に〝米国のデマ宣伝〟という解釈に掻き消された。

〈敗戦の事実にもかかわらず〉「日本が勝つはず」と移民大衆の大半が思っていることは、リーダー層にとっては恐怖だった。戦中の様なブラジル政府からの迫害を恐れて、警察などに積極的に協力して、一緒になって勝ち組を取り締まる側に回った。（略）

勝ち負け抗争の本当の原因は、「戦前戦中からの日本人差別」にあった。終戦後に、日本人差別への反抗心を「日本は勝ったはず」と思うことで押し通そうとした勝ち組に対して、官憲からの弾圧を恐れたのが負け組という基本構図があった。

深沢はそう分析する。

さまざまな戦勝デマが拡散し、一方でこれを否定する情報も流される。敗戦を説き聞かせる〝売国的指導者〟への脅迫や攻撃。片やブラジル官憲の対応は、違法行為の取り締まりを逸脱した思想弾圧にエスカレートした。その陰に存在した負け組の内通……。分裂は、憎悪と暴力の連鎖に発展した。

〝勝ち組移民の娘〟としてこの時代を生きた良子が、「日本を信じようとする者を、同じ日本人が陥れる」と語ったのは、そうした文脈を踏まえると理解できる。

私はペルーに暮らしていた二〇〇三年、ブラジルで勝ち組だった古老を訪ね歩いたことがある。なかには負け組幹部を射殺したテロ実行犯もいた。終戦から五十八年を経て、祖国が戦争に敗れた史実はもう、さすがに全員が知っていた。

それでも古老らは「問題は勝った負けたではない」として「敗の連中は許せない」と言い続けていた。遺恨の根は、負け組が「皇室を侮辱する暴言を吐いたこと」や、「官憲と結託して同志を弾圧したこと」だという。

良子の言う「思想戦」の言葉も耳にした。時期ごとに微妙に変化する意味合いは、正確にはつかみきれないが、大雑把に言って「戦争の勝ち負けはどうあっても、ことさらに「負け」を言い募る輩《やから》は敵であり、自分たちは日本精神を守り続けてゆく」というニュアンスに、私は受け止めた。

拒んだ〝踏み絵〟

終戦の翌々年、良子の父・宇根良治《うねりょうじ》がブラジルの警察に逮捕され、アンシェッタ島に収監されたとき、彼女はサンパウロ市内にある日本人女学校の寄宿舎に暮らしていた。アンシェッタは勝ち組の指導者・活動家と見なされた囚人約百七十人が送られた離島の監獄だ。

本部村（現・本部町）出身で九人兄弟の長男だった良治は一九二五年、先に渡航したいとこを頼る格好で、末の弟とブラジルに移住した。港町サントスから南に走る鉄道・ジュキア線沿線で農業を始め、妻と別の弟も呼び寄せた。何年かの出稼ぎののちに帰国するつもりだったため、本部の実家には三人の子どもを残していた。

戦後の邦人社会には農村から都市部への人口移動の波があり、ジュキア線沿線のコミュニティも徐々に寂れてゆくのだが、それまでこの一帯は内陸部の地方都市・カンポグランデと並んで沖縄移民が集中する地域だった。「邦人居住者の九五パーセントが沖縄人だった」と記録する資料もある。

一九〇八年に「笠戸丸」で最初の移民が渡った直後から、サントスの港には配耕地《はいこうち》のコーヒー園を逃げ出した沖縄移民が続々と集まった。故郷沖縄を偲ばせる海の見える土地だったことが、人々を引き寄せたとも言われる。

やがてサントスを起点に、サンパウロ市から遠ざかる方角にジュキア線の建設が始まると、沖縄移民の多くがその工事に従事した。線路は海沿いから斜めに山あいに入り込み、人々は点々と沿線の開拓地に定住するようになった。宇根良治が弟たちと住み着いたムザーセアも、そんな土地だった。

輸出用バナナを手掛けた戦略は見事に成功した。良子の少女時代、良治はこの田舎町の有力者に名を連ね、一般向け、日本人向け双方の学校整備を支援する立場になっていた。戦前の日本人居住地では、ポルトガル語の現地学校と日本人学校それぞれに半日ずつ、子どもたちを通わせる親が多かった。

ジュキア線沿線のような田舎にも、勝ち負けの対立は広がった。教育への熱心さが仇《あだ》となったのか、ムザーセアでは良治ともうひとり、日本人学校の教師が逮捕された。それでも、一般向け学校の運営にも協力した良治の貢献は、ブラジル人住民にも広く認知され、釈放嘆願に数多くの署名が集まった。警察も、一旦はこれに応じようとした。

しかし、いざ釈放の日を迎えると、拘置所の玄関には、昭和天皇の写真と日の丸の旗が敷かれていた。

これを踏んで出てゆけ――。まるで江戸時代のキリシタン狩りのような〝踏み絵〟だった。良治はこれを拒絶した。釈放は取り消され、監獄島送りが正式に決定した。

叔父ふたりの家族と三家族で同居するムザーセアの家では、大黒柱を欠く日々が続いた。良子は夏休みや冬休みのたびに帰省したが、休暇を終え寄宿舎に戻る日になると、母親はいつも寂しそうな顔をした。時には、良子に女学校の中退を求める言葉まで口にしたという。

「いったい何を言ってるの、と当時は耳を貸しませんでした。あとになって母の心細さも理解して、親不孝だったなと思いましたけど」

サンパウロで父親の裁判がある。そう聞かされ、教師に連れられて傍聴に行ったのは、二年後のことだ。難解な法律用語はわからずに聞いていたが、女性判事は皇室を敬愛する日本人一般の特性に理解を示す話しぶりだった。弁護側の主張を受け入れた釈放の判決が、ようやく下されたのだった。

大人たちを分断する勝ち負け抗争や「思想戦」の内実を、当時の良子はよくわからずにいた。殺人事件など断片的情報を伝え聞き、「恐ろしい」と感じるだけだった。

それでも、「祖国日本を思うこと」にリスクがあることは、ムザーセアにいたころから察していた。現地小学校の五年生のとき、ブラジル人の校長から、誰のものか日本政府発行の旅券を見せられて、文言をポルトガル語に訳すよう求められたことがある。

「いったい何の目的で？」。反射的に警戒心が湧いた。すでに戦時下だった当時、大っぴらな日本語教育は禁じられていた。人目を避けて日本語を学んでいることを外部に知られたら、家族に災厄が及ぶかもしれない。子ども心に〝罠〟を疑った良子は、旅券の文言を読めないふりをした。

それから約七十年を経て、良子は沖縄から何度目かのブラジル旅行に旅立った。サンパウロに暮らす叔父ふたりの家族、子ども時代をきょうだい同然に過ごしたいとこたちとも再会した。そして、沖縄の兄から託されたメッセージをいとこたちに伝えた。ムザーセアにいたころ、宇根ファミリーの幼なじみだった移民家族についてのことだった。

その何年か前、兄自身がブラジル訪問をしたときに、いとこたちは歓迎のサプライズで、ムザーセアの幼なじみらに兄を引き合わせた。実は彼らの父親こそ、父・良治を〝ブラジル警察に売った密告者〟だった。

「だから彼らとは、付き合ってはいけない。サプライズのときには何も言わずにいた兄が、初めてその事実を明かしたのです。いとこたちは終戦後まだ幼く何も知らずにいたので、驚いたようでした」

同じムザーセアの入植者だったという幼なじみの父親は、良治と同郷の本部村出身者。しかし、良治のような成功はつかめず、異郷の地で苦しい生活を続けていた。

「だから父を妬み、『勝ち組の危険人物だ』と密告した。私たちはそう聞いています。あの時代、個人的な恨みや妬みから対立を利用した人たちもいた。思想戦の問題は、とても複雑だったのです」

先に言及した、深沢正雪の「リーダー層と庶民階層の分裂」という構図から言えば、宇根良治と密告者の関係は反対にも思えるが、深沢の言うリーダーは、ブラジルの邦人社会全体に影響力を持つレベルの人たちを指している。

マイノリティーの心理

ブラジルでは沖縄移民の大半が勝ち組の側にいた。本土移民同様、あるいは彼ら以上に国粋的になる人たちもいた。そのことをマイノリティーとしての心理から説明する見方もある。

ブラジルにおいても、戦前には沖縄への差別が厳然と存在した。その象徴的ケースが、沖縄県人だけを対象とした日本外務省の渡航禁止措置だった。

『沖縄県史』などによれば、ブラジルへの第一回笠戸丸移民（一九〇八年）七百八十一人中、沖縄県人は三百二十五人を占め、ふたつのコーヒー園に配された。しかし一方の耕地からは、入国からわずか三か月後の九月、低賃金への不満から六家族三十一人が逃亡した。もう一か所でも少しずつ逃亡者が現れ、移民たちと農園主が対立する事態に陥った。

こうした問題は沖縄移民に限ったことではなく、第一回移民全体の配耕地残留者は、わずか九か月で百九十一人にまで減っていた。にもかかわらず日本の外務省は一三年、沖縄県民に対してだけ、ブラジル渡航を禁じた。

移民会社などからの要望で一七年、禁止は一旦解かれたが、二年後には再び規制が復活した。サンパウロ総領事館からの報告書に、その理由が見て取れる。現地では、日本人移民全体について悪評が広がり、それは主に移動の激しさや紛擾《ふんじょう》・ストライキ、逃亡者の多さなどの問題に起因するという。報告書は、その傾向がとくに「沖縄県移民に甚しい」とした。そればかりか、「食物の劣等さ」「住宅の不潔さ」「裸体の露出」といった雇用主が嫌がる〝日本人一般の特徴〟さえ、「沖縄県移民の生活態度にあてはまる」と、その責任を沖縄出身者に被せたのだった。

現地の沖縄出身者や沖縄県の働きかけによって、二六年にようやく規制は終わるのだが、この時点で外務省はさらに義務教育を終了していることや「普通語を解し、且つ女は手の甲にイレズミなき者たること」といった沖縄限定の付帯条件を明文化した。

同じ年、現地の沖縄人たちは初めて統合的県人組織「球陽協会」を立ち上げ、同胞への啓蒙活動を始めたが、付帯条件すべてが取り除かれ、本土移民と対等の立場になるまでには、さらに八年もの歳月を必要とした。

同じ日本人のなかで、沖縄出身者だけが低く見られる現実が歴然と存在していたのだ。

徴兵忌避という罪の清算

沖縄の芥川賞作家・大城立裕《おおしろたつひろ》は一九七八年に南米を旅行して、沖縄移民をテーマとする『ノロエステ鉄道』という連作小説集を出している。

収録された五篇のうち、ブラジルを舞台とするものは二作品。表題作「ノロエステ鉄道」は、日本人移住七十周年記念式典で日本政府から表彰されることになった笠戸丸移民女性の話し言葉で綴られている。語りかける相手は、受賞を渋る主人公を説得するために、サンパウロから一千キロ離れたカンポグランデまで何度も足を運ぶ総領事館職員だ。

老女は訥々《とつとつ》と身の上を語り、表彰を望まない心境を説明した。その最大の理由こそ、徴兵逃れという亡き夫の移住動機だった。

故郷の集落では日露戦争で三人もの戦死者を出し、徴兵への恐怖が一気に広がった。徴兵検査前、事故を装って自らの指を鉈《なた》で落としたり、大量にしょう油を飲み痩せ細ったりする若者まで現れた。夫はすがる思いでブラジルへの移民に応募したのだった。

しかしいざブラジルに来てみれば、夫婦で食うや食わずの歳月が続いた。コーヒー農園からの逃亡。サンパウロ州からカンポグランデへと延びてゆく鉄道敷設工事に従事した日々。やがて小作農を経て雑貨店を開くのだが、終戦直後に勃発した一般住民による焼き討ちで、その店舗は失われた。

抑えきれぬ憤激のなか、夫は〝ブラジルの反日勢力と結託する負け組の征伐〟を画策し始める。しかしほどなく結核を患い、企ての成果を得ぬままに、夫は病没した。

〔自分たちは〕日本の兵隊になるのが恐ろしいだけのためにブラジルへ来た非国民です。どの世間で顔をもって歩かれますか。

生涯の〝恥〟を打ち明けての心情の告白であったが、総領事館職員は思いもよらぬ慰め方をした。徴兵忌避者でも勝ち組になったのなら立派な〝愛国者〟だ、とでも言わんばかりの口ぶりだったのだ。

え？　勝ち組だから日本国民としてすこしも恥ずかしくない、（略）ああ、あなたは私がいちばん怖れていたことを口にしてくださいました。

動揺して対話を打ち切った彼女は後日、再訪した職員にさらなる内実を告白した。本土出身の夫の友人をめぐることだった。この人物は戦争中、夫と戦勝のニュースを喜び合う間柄だったが、あるときつい、夫は自らの徴兵逃れについて口を滑らせる。顔色を変えた友人の反応に驚いて、夫は涙を流し謝罪した。そして、その〝罪〟を清算するためにも日本の戦勝を祈り、ブラジル国民にも働きかけることを誓ったのだった。

焼き討ちで店と家を失った夫婦は、この友人宅に一時的に身を寄せた。この間に夫は友人から一層の感化を受け、彼のもとで〝負け組征伐〟を思い詰めるようになった。

夫は寝台のなかでしみじみと申しました。この仕事をとげることで、自分の徴兵のがれの罪はおかた消えるだろうと。そうして、ブラジルでの沖縄県人の値打ちも認められるだろうと。

老女は総領事館職員に重ねて訴えた。

夫の勝ち組運動は、恥を覆いかくすための偽りの誇りのしるしでありまして、決して決して皇太子殿下から御褒美をいただくようなことではございません。

同じ本の収録作「ジュキアの霧」も、勝ち組としてテロを起こしかけた過去を持つ移民の物語だ。大城は南米旅行の翌々年、沖縄タイムス社の総合誌『新沖縄文学』沖縄移民特集号の「座談会　沖縄にとって移民とは何か」で、こんなことを語っている。

私はひじょうにおもしろい問題だなあと思ったのは、（略）明治四十年ごろ徴兵忌避のために〔ブラジルに〕渡った人が、戦後〝勝ち組〟のリーダーの一人になったことですね。徴兵忌避ということと、〝勝ち組〟ということとは、今日われわれが考える思想体系では嚙み合わないんですよ。（略）スパッと割り切れるような結論は出せないけれども、小説の形でなら書ける。

その〝嚙み合わなさ〟について、さらにこう重ねた。

ブラジル〝勝ち組〟にせよ、〔北米などに見られた〕社会運動への傾斜にせよ、やっぱり沖縄出身だというマイノリティー意識がかなり左右していると思いますね。

本土移民から日本人として認められたい、という願望が、意識の底流にあったというのである。

「鎖国村」三家族の集団帰国

現実の勝ち組問題では一九七三年十一月、沖縄で特筆すべき出来事が起こっている。母国の戦勝を強固に信じ続けてきた三家族計十四人が集団帰国したのだ。

報道陣に取り囲まれ、羽田空港に降り立つ光景は、グアム島の横井庄一、フィリピン・ルバング島の小野田寛郎と、この時期相前後して見つかった残留日本兵の帰国風景とも重なり合うものだった。

集団帰国前、ブラジルで彼らの居住地も訪問したノンフィクション作家・藤崎康夫の著書『陛下は生きておられた！　ブラジル勝ち組の記録』に彼らの帰国時の様子はこう描かれている。

時ならぬ歓声が、夜空にひびく。
「天皇陛下万歳、日本万歳、天皇陛下万歳、日本万歳」
「バンザイ、バンザイ、日本バンザーイ」
タラップを降りた彼らに質問が飛ぶ。
——日本だという感じがしますか？

「ハイ」

――勝っていますか？

「ハイ」

「八月……、八月に天皇陛下様が、恥ずかしくないようにとおっしゃり……、二十八年間、ブラジルで恥ずかしくないようにやってきました」

ブラジルの勝ち組もこの時期になると、さすがに大かたは負け組への反感を燻《くすぶ》らせる程度だった。声高に「戦勝」を主張する人は、ほとんど見かけなくなっていた。

だが、この三家族は違った。四九年、同じ田舎町の二十四家族で「報国同志会」という組織を立ち上げた。他者への攻撃性はない。自分たちで学校を建て、思想を確かめ合い、ただひたすら天皇からの帰国命令を待ち続ける。それだけのグループである。

構成員は減っても、その〝信念〟は日増しに純化した。

七〇年に刊行された半田知雄『移民の生活の歴史――ブラジル日系人の歩んだ道』には、団体結成時からメンバーが半減したころの彼らへの言及がある。

同県人だけがかたまる保守的習慣は、ときとして彼ら同志の社会からも孤立してしまうことがある。

ペードロ・デ・トレード（ペドロ・デ・トレド）にある十四家族の帰国組集団がそれであるが、彼らは他の同県人ともつきあわず、かつてつちかわれた「帝国不敗の信念」をいまももちつづけ、子どもたちには徹底した日本的教育をほどこし、他の二世には全然見られない正確な日本語を話している。かれらは、経済的にも文化的にも、まったく日本人および二世の社会から孤立しているのである。

同県人たちの進歩にも歩調を合わせることができず、ましてブラジルの生活にも同化することのできなかった保守的感情は、ついに信仰として固定してしまったのである。そこには人間的なある純真さは感じられるが、それ以上に、なにか宿命的な悲劇を思わせるものがある。ここでもわれわれは、彼らの心情をただ「無知」として割り切ることに躊躇せざるをえないのである。

彼らの住むペドロ・デ・トレドはジュキア線沿線の小さな町だった。一帯の活力は失われて久しく、半田によれば、ジュキア線沿線全域で一九四〇年に約一千家族六千人近い日本人がいたものの、六〇年代には、約六百家族三千人程度に減り、その八割を二世、三世が占めるようになっていたという。そしてこのときに十四家族いたとされる報国同志会のメンバーは、帰国直前に三家族に減少。一方で、外部のどんな言葉にも耳を貸さない残留者らは、「ジュキアの鎖国村」などと異端視される存在になっていた。

ちなみに〝戦勝国日本〟から迎えの船が来る、という話は、勝ち組の間で広く信じられたことで、終戦直後には具体的日時まで広まってサントス港に邦人が溢れかえったこともある。戦後、ブラジル社会への同化に舵を切った負け組や、心ならずも追随した勝ち組離脱者とは異なり、同化を拒む人々はただひたすら〝その日〟を待ち続けた。そして最後まで残ったのが、沖縄の三家族だった。

痛々しいその姿を見かねた日本人が、慎重に警戒心を解きほぐし、困窮した海外邦人向け帰国支援制度「国援法」を適用する段取りをつけた。

同志会には、別の勝ち組団体による「日本外務省を批判して引き揚げ施策を訴えよう」という共闘申し入れを断った過去もある。あくまでも静かに天皇の命令を待つ。それが彼らの〝流儀〟だった。

それでも今回は、旅費の立て替え制度に過ぎない国援法の適用を、「国費による帰国」と解釈し、仲介者の斡旋を受け入れた。彼らの主観では、あくまでも〝国からの帰国命令〟に応じた形だった。

三家族の家長は、比嘉栄一と浜比嘉良喜、前田松栄で、帰国時の年齢はそれぞれ、六十五歳と八十二歳、五十九歳。国援法はとくに困窮する比嘉、浜比嘉の二家族に適用され、前田一家は所有地を売却するなどして、帰国費を賄った。

〝奇矯な人々〟への目

そんな集団帰国から四十年以上が過ぎ去った二〇一七年、私は三家族が引き揚げた先の市町村を歩いてみた。意外にも、そのような帰国者がいたことを、ほとんどの地元住民は認識していなかった。リーダー格だった比嘉栄一について、「子どもたちの間で「バンザイおじさん」と呼ばれていた」と思い出す五十代の住民がいたり、伝え聞いた「強烈な人柄」を記憶する年配者がいたりする程度だ。

当時の地元二紙を見ると、『琉球新報』は何回か大きく取り上げていたが、『沖縄タイムス』の記事は小さなものだった。本土の週刊誌は影響力を持たないし、テレビ報道も少なかったに違いない。

実のところ私は、存命の引揚げ家族を含む三家長それぞれの血縁者に接触したのだが、話を聞けたのは身元引受人の身内ひとりだけで、あとの二者からはインタビューを拒まれてしまった。家長たちは帰国からしばらくは、取材にも応じていたのだが、当時から身内には抵抗感が強かったのだろう。

藤崎の著書に羽田空港に帰国した際の印象的な描写がある。

記者「御家族の方ですか？　何年ぶりですか」
帰国者「四十年ぶりです」
親戚「なんです、あんた方、こんなに騒いで」
帰国者は記者を気の毒そうに見ながら、そして戸惑いをみせている。
帰国者「いや、いい……」（と親戚にいう）
親戚「地獄ですよ。島（沖縄）に行ったら」

帰国者本人と親族の対応の差がはっきりと見て取れる。ブラジルにおいては、地元邦字紙など周辺が彼らに同情し「騒いだこと」によって集団帰国が実現した。何よりも当の家長らが自らの生き方を微塵も恥じていなかった。

しかし日本の人たちは違った。藤崎を除く大かたの取材陣は「好奇の目」で彼らに注目したはずだし、迎える側の親族も、血縁者の言動に困惑したはずだ。

ブラジル移民の内面を知るうえでの途方もない知識の欠落が、彼我の人々に深い溝をつくっていた。もしかしたら、日本サイドの関係者は〝奇矯な人々〟の内面に近づけるとも、近づきたいとも思わなかったのではないか。

それにしても今回、存命の引揚げ家族にすら対話を拒絶されたことに、いささか落胆した。

かつて六年間、南米で日系社会と接してきた私には、ブラジルで行った勝ち組古老への聞き取りでも、テロなどの行為は別として、極力彼らを理解しようと努めた自負がある。

当時の見聞をまとめた拙著『日本から一番遠いニッポン――南米同胞百年目の消息』でそのルポも発表しているが、書籍の下敷きとなった雑誌記事について、ブラジルの奥地で文字が霞むまでコピーが繰り返され、年配者に読まれていると伝え聞き、手応えを感じたものだった。

しかしまた、そのルポを書いた十余年前と比較して、私の「勝ち組観」は微妙に揺らぎ始めてもいる。戦時に異郷で孤立した特殊状況下での現象、という理解は果たして正しかったのか。その点に迷いが生まれている。

昨今は日本国内でも、在日コリアンや沖縄へのヘイトデマ、歴史修正など、事実を曲げてでも〝信じたいことを信じる風潮〟が強まっている。かつての勝ち組にも相通ずる光景を身近に見るにつけ、必ずしも移民のような境遇に置かれずとも、私たちの文化そのものに〝勝ち組的な性向〟が内在するような疑念が芽生えたのである。

だからこそ少しでも思索を深めるため、勝ち組としてブラジルに生き、米軍基地の島と化した沖縄に戻った人たちが、晩年に何を思ったのか、その断片でも知りたいと思っていたのだが、その願いは実現しなかった。

帰国した翌々月に出た『文藝春秋』(一九七四年二月号)に、比嘉栄一の署名で手記が掲載されている。タイトルは「「勝ち組」の浦島太郎といわれて」。

比嘉以外にも、浜比嘉や前田の言葉も織り込んで、実際には藤崎が構成した記事だった。

戦後、日本の軍艦(自衛隊艦)がブラジルに来航し、皇太子夫妻のブラジル訪問も実現した。今日の日本は驚くほど経済的発展を遂げている。アジアの国々は〝日本のおかげ〟で独立を成し遂げた……。

日本の戦勝を裏付ける〝証拠〟の数々を列挙する論法は、相変わらずのものだった。本当は感じているはずの葛藤は行間にも現れてこなかった。
文末にある浜比嘉と沖縄の親戚老人のやり取りが雰囲気を伝えている。

老「こっちに来てはじめて、ああ、負けてたわいと思ったわけやな」
浜「負けたなんて気持、私ら考えませんよ」
老「今でも？　負けたということを？」
浜「そうですよ」
老「何故ですか」
浜「(略)それはこっちが繁栄してますもの。ハッハッハッハ」
老「ハハッ、繁栄してるから、日本が勝ったと考えとるの。私らの考えとはちがうわな。まるでちがっておるわけだわな」
浜「そうよ、私の気持はそうよ」

集団帰国した家長のひとり浜比嘉良喜．沖縄の自宅で(写真家・大城弘明氏撮影)

あくまでも心の内側には触れさせない。それこそが戦後二十八年を経た勝ち組の自己防衛術だった。

考えてみれば、三家族は国援法の適用もあり、また「鎖国村」からの帰国者ということで注目を集めたが、戦後、ひっそりと自費で帰国した移民は、彼ら以外にも大勢いた。信念の〝薄まり方〟は人それぞれだろうが、移民の大多数が勝ち組や元勝ち組だったことを思えば、何らかの〝勝ち組的思考〟を引きずる人がいてもおかしくはなかった。

にもかかわらず、帰国者と親族の会話が嚙み合わず、ギクシャクした話はあまり耳にしない。那覇市にある老舗の旅行会社「沖縄インターオーシャンサービス」代表の与那城昭広《よなしろあきひろ》は、そう振り返った。

「実際に沖縄に来れば、戦争でみな、家族や友人を失っている。勝ち負けの議論なんてできる雰囲気じゃないことは、ブラジルにいた人にもわかるでしょう。こちらでは、深刻さが違いますから」

沖縄の旅行会社では八〇年代まで、通常の旅行業務と同程度に、帰国定住者や里帰り訪問者の旅券や戸籍をめぐる手続きに追われたものだった。長年の海外生活で正式な旅券が失効した人が多かったためだ。沖縄の戸籍が戦災で失われていれば、その回復の作業も必要となる。家長に同行した二世、三世の帰化手続きも多かった。

そのため数多くのブラジル帰国者を知る与那城だが、いまもなお記憶に残るのは、県中部に永住帰国した勝ち組老人のことだという。

「それらしい雰囲気は少し感じましたけど、仕事で私がかかわっていたときには何ごともありませんでした。はっきり勝ち組とわかったのは、あとになってからです」

三家族の集団帰国と前後する七〇年代のこと。当時、引揚げ一世に同行し沖縄に定住した二世、三世が、定期的に集まってはパーティーを楽しんでいた。

ある年のクリスマス、たまたま来日したブラジル沖縄県人会長の息子が、パーティーに顔を出し、美しい娘と意気投合した。そして電光石火、年明けに再び来日し、彼女をブラジルに連れ帰って結婚した。この花嫁こそ、県中部の老人の孫娘だった。

「お前があの子を行かせたのだろう。わかってるぞ」

駆け落ち同然の〝略奪結婚〟に老人は怒り狂い、与那城を見つけて怒鳴り散らしたという。実際には、与那城はふたりの接近を知り、きちんと家族に挨拶をするように男性を諭していた。にもかかわらず、ふたりは忠告を聞き入れなかったのだ。

何年かして、青年の父親である県人会長が沖縄に来訪した。

「あんたの息子にはひどい目に遭った。親としていまからでも先方に挨拶してください」

与那城はそう詰め寄ったが、常識人のはずの県人会長が煮え切らない。聞けばその昔、会長は負け組、相手の老人は勝ち組で、激しく対立した間柄なのだという。

「それでも無理やり車に乗せ、挨拶に行かせました。予想通り玄関払いでしたが、形だけでも礼を尽くさせた。私が実際に、勝ち負けの人間関係を目の前で見たのは、これが初めてのことでした」

アンシェッタ島で服役した玉木良子の父・宇根良治の帰国後はどうだったのだろうか。長年連れ添った妻をブラジルで失ってほどなく、息子や娘を連れ沖縄に引き揚げたのは、五四年暮れのことだった。

「沖縄には戦争の傷跡がまだ、はっきりと残されていました。ですから移動する車中、父は外の風景を一切見ようとせず、しょんぼりと俯《うつむ》いたままでした。その姿はいまも忘れられません」

帰国後の良治は、沖縄に二十九年間、残したままだった長男宅に身を寄せて、晩年を過ごした。「置き去り」をめぐるしこりもあったことだろう。父子の相性は最悪で、最後まで刺々しかったという。

「父を引き取った兄は警察官でした。父のほうは沖縄で（のちに日本共産党に合流する沖縄人民党のカリスマ的政治家）瀬長亀次郎の熱烈な支援者になりましたから、その意味でも水と油だったのです」

勝ち組だった宇根良治が、左翼指導者・瀬長亀次郎の支援者になった。あまりの意外さに耳を疑ったが、続くひとことから想像が広がった。

「共産党は大嫌い。でも、米軍に屈しない亀次郎は別。父は本当に崇拝していました」

ブラジルで〝踏み絵〟を拒んだとき、彼の胸中に湧き起ったのは、内面を踏みにじる支配者への怒りだったろう。思い込みや強弁が目立つ勝ち組思想だが、そもそもの原点は、価値観や尊厳を守ろうとする素朴な反骨心だった気がする。

だとすれば、この時代の沖縄で同様の怒りは米軍に向くはずだ。私は良治の内面をそう推察した。

沖縄とブラジルで三人ずつ生まれた良治の子。そのなかで現在、末の息子だけがブラジルで暮らしている。良子たちと一度は沖縄に移り住んだものの、すぐにまたブラジルに戻ったのである。

良子によれば、さらにその息子、彼女から見れば甥っ子はブラジルで銀行員をしており、二〇一七年九月、アンシェッタ島で開かれた勝ち組収容者の名誉を回復する式典に出席したという。現地では近年、かつての勝ち組囚人の大半が無実のまま投獄されたことが知られるようになった。

テロ殺人など違法行為に関与した者はごくひと握りで、大多数は宇根良治のように〝踏み絵〟の際の態度や、怪しげな密告を理由に囚われたにすぎないのだ。

「この甥はつい最近まで何も知らなかったけど、いまは夢中になって昔のことを調べています。重要な歴史は、いいことも悪いことも伝えなければならない。そう思うから、私は勝ち組だった父のことをあなたにお話ししたのです」

第5話

太平洋を二往復した三線

――ハワイ豚支援、陰の立役者

嘉数進と祖父の三線（2017年7月，筆者撮影）

豚支援の“7人の勇士”と関係者（『音楽劇　海はしる，豚物語』パンフレットより．写真版はジョン・糸村氏所有）

朗々と響く読経のなか、日米約二百人のウチナーンチュは、戦争末期から終戦翌年までハワイに抑留され異国の地に没した沖縄の捕虜十二人を偲び、静かに手を合わせた。

二〇一七年六月四日(現地時間)、戦後七十二年にして初めて実現した「沖縄ハワイ捕虜」の慰霊法要が、オアフ島ホノルル市の慈光園本願寺で営まれた。沖縄からの慰霊団は、浦崎唯昭《うらさきいしょう》副知事をはじめ九十歳と八十七歳になるふたりの元捕虜や元捕虜の遺族など、約八十人にのぼった。

沖縄で地上戦が進むにつれ、米軍が占領地に設置した収容所は軍民の日本人投降者で溢れかえり、その一部、約三千人の沖縄出身者がハワイの収容所へ移された。なかには旧制中学や師範学校から集められ、上陸軍と戦った十代の少年兵もいた。

輸送船による約二十日間の航海では、糞尿の悪臭が充満する船倉に全裸で押し込められ、家畜のように扱われた。おびただしい蚊が発生する高温多湿の収容所は、捕虜たちに「地獄谷」と呼ばれた。故郷から遠く隔離され、軍施設の雑役や建設作業に使われる生活は、長い人で一年半に及んだ。帰還の日を待てずに衰弱し、落命した捕虜は十二人にのぼった。

法要のあと、式典会場は荘重な沖縄民謡に包まれた。慰霊団に同行した人間国宝の三線演奏者・照喜名朝一《てるきなちょういち》と現地沖縄県系人による三線の合奏だ。『ジャンナ節』という追悼の歌だった。

参列者のなかでも、糸満市の嘉数進《かかずすすむ》は格別な思いでこの調べに聴き入った。照喜名の膝元には、彼自身が持参した三線が抱かれていたからだ。

明治末期、進の祖父・嘉数太郎はこの三線を携えてハワイへの移民船に乗り、三十五年を経て、三線はその長男・亀助から進の兄・清昌《せいしょう》に手渡された。清昌は沖縄戦のあと、捕虜としてハワイに移送され、収容所に面会に訪れた伯父・亀助から、差し入れ品としてこれを受け取ったのだった。

夜ごと収容所に響く沖縄民謡の旋律は、捕虜たちの心を慰めたに違いない。三線はやがて清昌が帰還船で沖縄に持ち帰り、その没後は、糸満の実家を受け継いだ進のもとで保管されてきた。

慰霊団に加わって家族五人でハワイを訪れた進は、この法要の前日、ホノルル市内の墓地に眠る伯父・亀助の墓前で自らもこれを奏で、沖縄の古謡『安里屋《あさとや》ユンタ』を捧げている。

「その三線が、これです」

法要の翌月、進は糸満市の自宅でケースを開け、百年余りの間に親族の手から手へ、沖縄とハワイを二往復した楽器を見せてくれた。

サッシ戸の外には真夏の陽光がまぶしいほど降り注ぎ、蟬の声が渦巻いている。細い路地が走る集落には、嘉数家の正面にだけ、ぽっかりと小さな広場があり、巨大なガジュマルが枝を広げている。一族は古くから集落の中心的な富農。祖父のハワイ行きは経済的理由よりも、身内の不祥事で地元に居づらくなり、気まずい空気から逃れるためだったという。

「地域の歴史はよく知りませんが、この広場は、毎年夏の大綱引きが近づくと、集落の人たちが踊りを練習する場所になっています。ガジュマルは戦争で一度焼けたあと、またここまで生い茂るようになりました。この場所に植樹されたのは、祖父たちがハワイに旅立ったすぐあとのことだったと記録されています」

鴨居の上には一族の写真が横一列に飾られている。進は祖父・太郎とふたりの伯父、亀助と亀二を順番に指し示した。

嘉数亀助、約半世紀後の脚光

三人のハワイ出立は一九一〇年のこと。太郎は三十八、子どもたちは十三歳と五歳だった。妻とまだ幼い三男、つまり進の祖母と父親は家に残された。ほとんどの戦前移民と同様に、嘉数太郎もまた、いずれは帰郷する前提でハワイへと渡った。実際、祖父・太郎は十五年ほどで沖縄に引き揚げて昭和初期に亡くなった。長男と次男はハワイでの人生を選択した。

戦後、ハワイで旅行会社を始めた下の伯父・亀二は、何回か沖縄に里帰りを果たし、進も顔を合わせている。だが、伯父たちの取り立てて詳しい人生を聞いたことはないという。

進の関心がハワイの親族に注がれるようになったのは、一九九四年、『琉球新報』で始まった作家・下嶋哲朗の連載ノンフィクションを読んでからのことだ。作品は『豚と沖縄独立』という書名で書籍化され、『海からぶたがやってきた!』という児童書にもなった。

終戦後、沖縄の窮状を知ったハワイの沖縄人たちが故郷を救う運動に立ち上がり、寄付金で買い集めた五百五十頭もの生きた豚を七人の男たちが荒波の航海の末、沖縄へと運んだ。そんな戦後史のエピソードである。

嘉数進の伯父・亀助の名は、この事業を提案・実行したキーパーソンとして下嶋作品に登場する。

物語は、豚の運搬者七人中ふたりのルーツの地・具志川《ぐしかわ》市(現・うるま市)で『海から豚がやってきた』というミュージカルになり、その後、児童劇になったり、英語教科書で全国に紹介されたりもした。今日では、ハワイ同胞と沖縄との絆を象徴する代表的実話として、県民に知られている。

たとえば、那覇市新都心のモノレール「おもろまち駅」の近くには、沖縄ハワイ協会の事務所があり、外壁の看板には長らくこんなスローガンが大書されていた。

「550頭　豚に恩返し——ハワイ沖縄プラザ建設募金推進本部」

このプロジェクトはホノルルにある県系人組織・ハワイ沖縄連合会の安定的運営のため、商業ビルを建設し、そのテナント料の収益で組織の運営費などを賄う構想だ。ビルは二〇一八年五月に完成し、九月に落成式が行われた。沖縄からは目標額一億円以上の建設費が寄贈されている。

豚支援モニュメント（うるま市民芸術劇場，2017年8月，筆者撮影）

「550頭　豚に恩返し」。極めて簡略な看板の文言は、それだけで理解される幅広い認知度があればこそのものだ。しかし、である。

この有名な物語のなかで、亀助の存在はごく最近まで、縁の下の力持ち、知る人ぞ知る、という扱いにとどまっていた。映画『七人の侍』ではないが、伝承ではどうしても運搬船に乗り込んだ〝七人の勇士〟にスポットが当たりがちで、二〇〇三年にハワイやロサンゼルスでミュージカルが上演された際には、物語に亀助は登場しなかった。

関係者の指摘を受け一六年、うるま市合併十周年事業のミュージカル再演で、脚本が修正され亀助役が加わった。前回同様に地元での上演会場となった市民芸術劇場（現・うるま市民芸術劇場）では、敷地内に『海から豚がやってきた』の記念モニュメントが設置され、その碑文にも、亀助の名が刻まれた。

長らく影が薄かった支援の発案者。華々しい「七人」のイメージに、存在をかき消されただけでなく、生前の亀助が目立つことを極端に嫌う性格だったことも、この経緯には関係した。

「後発移民」の足跡

終戦直後のハワイを見る前に、現地の沖縄移民史をもう少しさかのぼっておこう。

第1話で見たように、當山久三や平良新助らが自由民権運動の流れから第一回、第二回のハワイ移民を送出・定着させたのは、日露戦争直前の時期だった。

その後の沖縄ハワイ移民の足跡には、本土からの移民と異なる特徴があった。サトウキビ労働者としての出発点は同じだが、独立後、養豚業やレストラン業に集中して進出する傾向が見られたのだ。

私にそう教えてくれたのは、沖縄ハワイ協会の会長・高山朝光《たかやまちょうこう》である。ハワイ捕虜慰霊祭の共同代表も務めた高山は、大田昌秀知事時代の知事公室長。青年期の一九六二年から六四年にかけ、ハワイへの公費留学を体験した人だ。

「貧しかった沖縄の人たちがハワイでどのように生活水準を上げたのか。私のハワイ留学の目的には、その点への関心もありました。現地の人々は六〇年代には、白人と比べても遜色ない生活レベルになっていて、驚かされたものでした」

その基礎を築いたのが戦前の養豚業だった。本土とは異なり、古くから豚肉を食してきた沖縄の人々は、豚の飼育に慣れ親しんでいた。

ハワイへの沖縄移民は全国で最後発である。本土移民がすでに三十年以上かけコミュニティを築き上げていたなかに、遅れて参入した。養豚の分野は、他県出身者が手を出さなかったために、ビジネスチャンスとして残されていたのだ。

しかし、本土の移民にとって、豚肉食の習慣や養豚の仕事にはマイナスイメージが付きまとい、沖縄人差別を助長する側面もあったという。

二〇一六年の秋、世界のウチナーンチュ大会の関連セミナーで、その〝童歌〟を教えてくれたのは、沖縄系三世でハワイ大学沖縄研究センターの所長を務めている知念ジョイスだった。英語しか話さない彼女は、少女時代、何度となく聞かされた悪罵を、独特の節回しとともに日本語で覚えていた。

「オキナワケンケン、ブタカウカウ」

「ケンケン」は県々、「カウカウ」はハワイ語で「食べる」の意味。戦前のハワイで、日系の子どもたちの間では、極めてポピュラーな〝沖縄人いじめの歌〟だったという。

たとえば、ジャック・田坂という大正生まれの広島系帰米二世（アメリカで誕生し、日本で教育を受け米国に戻った二世）がいた。その回顧をまとめた『ハワイ日系社会ものがたり――ある帰米二世ジャーナリストの証言』（白水繁彦・鈴木啓編）には、こんな記述がある。

沖縄（からの移民）は初めの頃は皆プランテーション（の労働者）だけれども、街に出て発展したのはレストラン業とか養豚業だったんだよね。養豚業になると、これは市内ではできない。残飯は臭いしにおうからね。どうしても郊外に行く。

その証言によれば、戦前のホノルルでは各家庭が石油缶を切ったバケツ状の容器に残飯を入れ、台所裏に吊るした。沖縄人の養豚業者が毎朝、トラックでこれを回収し、豚のエサにしていたという。

田坂はまた、「沖縄の人が差別されていたのは確か」と言い、本土系と沖縄系の結婚話でも持ち上がろうものなら「勘当沙汰になりかねないような時勢だった」とも語っている。

理不尽な上下関係には、後発移民という立場も影響した。さまざまな業種で本土移民の経営者が新参の沖縄移民を労働者に雇用する、そんな構図が一般的だったのだ。

皮肉にも、沖縄系の発展は第二次世界大戦の勃発がきっかけとなった。米大陸で行われた日系人の強制収容や資産凍結はハワイでもあったが、ここでは日系人の比率が全人口の四割にものぼったことから、地域経済の麻痺を避けるため、対象者は有力な千数百人に限定されたのだ。つまり本土移民の成功者が軒並み連行されるなか、発展途上にあった沖縄移民の中小事業者は、その大半が難を逃れられたのである。

養豚やレストランという業種にも救われた。真珠湾攻撃のあとハワイは米軍の一大拠点となり、軍人の居住が急増した。食生活にかかわるこれらの産業は、一種の軍事特需に見舞われたのだった。

「〔沖縄移民は〕遅く来たのが幸いしたわけね。一世代遅れたということが、今、沖縄の人が大きく発展したもとですよね」

田坂は前掲書でそう語っている。

ハワイ沖縄人たちの故郷救済運動

こうしたなか、沖縄戦の惨禍はどのように移民社会に伝わっていったのか。

『北米沖縄人史』によれば、米大陸の沖縄コミュニティからは一九四五年十月、米政府が組織した

「原爆被害民情調査団」にふたりの代表が参加して、日本国民の暮らしを各地に見て歩いた。それを踏まえ、翌春には、沖縄支援を呼びかける運動が展開されるのだが、実のところ日本視察時にふたりが目にしたのは、本土の被害だけだった。沖縄入りの希望は許可が下りず、間接情報を得るにとどまった。片やハワイでは、沖縄戦が終結する以前から、詳細な現地レポートが日本語新聞に掲載されていた。

ゼロ機その他の残骸が至る処に散乱するのは、欧州戦から帰った自分には全く異様に見える。（略）住民の殆んどは立退いた為見当らぬ、至る処に防空壕が設けられて居るが、それは軍隊が使用したばかりでなく、市民も同様な防空壕の中に入って居た様に思われる（略）眼をふり向ければ〔崩れ残る民家で〕三つに仕切られた全石造のフル（フール＝豚小屋）に豚の子一匹も居ない。

（『ある二世の轍』）

記事を書き送ったのは、沖縄戦に随行した比嘉太郎《ひがたろう》という日系米兵であった。北中城村《きたなかぐすくそん》出身の両親を持つ二世で、幼少期を沖縄で過ごし、青年期にも再来日して東京の専門学校に学んだ。最終的にハワイに戻ったのは日米開戦の前年。ほどなく米陸軍に召集され、有名な二世部隊・第百歩兵大隊の兵士として、ヨーロッパ戦線でドイツ軍と戦った。四四年、二度目の重傷を負い帰国してからは、七か月にわたって全米各地を講演行脚して、二世部隊の奮闘をアピールした。日系人に対する差別・偏見に抗うためだった。

沖縄戦が始まると、願い出て軍に戻り、今度は沖縄に渡った。このときの目的は当初から被災民救済にあり、出発前、仲間うちの壮行会の席でも、ハワイの沖縄人が互いに協力して沖縄支援に取り組んでゆくことを誓い合っていた。

「私はね、亀助は比嘉太郎さんと親しかった気がするんですよ」

嘉数進は、そう言って一枚のモノクロ写真を取り出した。

そこには、農村に暮らす幼少時の進が家族と写っていた。一家は戦火を逃れ、県北部に暮らしていた。この写真は、父親がのちに亀助か亀二から譲り受けたものらしい。

「誰が撮った写真なのか。私は比嘉太郎さんだったように思うのです。亀助に頼まれ、私たちの消息を伝えた。そんな写真ではなかったかと。何しろあの時代、私たちの周りにカメラを持つ人など、いなかったですからね」

進のこの言葉はあくまでも推測だが、米陸軍一等兵としての比嘉が沖縄従軍中、数多くの沖縄民衆と接したのは間違いない。何度となく、住民が身をひそめる壕に丸腰で近づいて、島言葉を交え投降を促した。その回顧『移民は生きる』には、多い日には三か所もの壕で住民の説得に努めたこと、あるいは日本兵が息を引き取る場面にも複数回立ち会ったことなどが記されている。

終戦後、比嘉はハワイ各島を歩き、早急に故郷への支援が必要なことを沖縄出身者に訴えた。賛同の輪はたちまち広がって、十一月には海軍の協力を得、大量に集まった衣類の発送が始まった。

「沖縄戦災被服救済委員会」という旗印で始めたこの運動を皮切りに、コミュニティでは次々と支援団体が結成され、幅広い運動が展開されてゆく。

下嶋の『豚と沖縄独立』によれば、たとえば「沖縄救済更生会」は戦後沖縄の再出発のため大学設立を構想し、「沖縄復興ハワイ基督教後援会」は募金で買い集めた八百頭の乳ヤギを送った。「沖縄医療救済連盟」は医薬品を送る運動体だった。

五百五十頭の豚を送る運動は、「布哇《ハワイ》連合沖縄救済会」という団体で取り組んだ事業だ。今日でこそ、スポットライトを浴びているが、あくまでも多種多様なプロジェクトのひとつだった。そもそも沖縄移民による救済運動の全体像を見渡せば、その規模は南北アメリカのネットワークを総動員するもので、たとえば第３話で取り上げたボリビア・リベラルタの具志寛長らの活動も、その一環だった。

下嶋作品やミュージカルであまりに有名になったためだろう。ハワイ側では当初、豚支援への注目に戸惑う声も聞かれたという。

具志川市の市民芸術劇場職員としてミュージカルを発案・プロデュースした浜端良光《はまばたよしみつ》（現・うるま市生涯学習・文化振興センター館長）は、ハワイ沖縄連合会の会長から一通のメールが来たことを明かした。

「それがいかにも日系人らしく、遠慮深いのです。『終戦後、世界中から救援物資が送られたことが無視されないようにしてほしい』とね。もちろん我々は、象徴的なケースとして取り上げただけで、他の支援にも感謝しています」

「勝った組」の妨害

ところで比嘉太郎の回顧には、興味深い記述がある。

戦勝国アメリカのハワイ邦人社会にも、「勝ち組」がいたという話である。第４話でブラジルの「勝ち負け問題」を取り上げたが、ハワイの勝ち組は「勝った組」と呼ばれた。「勝った勝ったと主張する集団」といったニュアンスなのだろう。

当然のことながら、日本の戦勝を信じていた彼らは、沖縄救援の必要など認めることはなく、むしろ運動に強く反発した。沖縄からハワイに戻った比嘉の報告が日本語新聞に報じられると、彼ら「勝った組」による嫌がらせが早速始まったという。

反対理由は、日本は勝っているのに救済物資など送る必要はない。近日中に日本帝国海軍が真珠湾に堂々と入港して来てハワイを統治するのだと信じていたのである（略）売名者の暗躍、妨害、人をつかっての脅迫などもあった。事実私は沖縄の戦地におけるより以上に身の危険を感じた。

（『ある二世の轍』）

実は「沖縄戦災被服救済委員会」の運動に表向き、比嘉の名は出てこない。「勝った組」の反発を避けるためだったが、比嘉自身はこの措置が「好結果をもたらした」と振り返っている。当初反対派だった人たちも、いざ具体的活動が始まると、物資募集に協力するようになった、彼らに敵視されていた自分が一歩引くことで、そんな雰囲気がつくれた、と比嘉は言うのである。

しかし、現実はどうやら違っていたらしい。「勝った組」の動きは、そう簡単に鎮まりはしなかった。代表的組織「布哇必勝会」が解散に至るのは、実に戦後三十年以上も経った七〇年代後半のことだという。戦前からの現地新聞人・相賀《そうが》安太郎《やすたろう》（渓芳）の『五十年間のハワイ回顧』には「勝った党と戦い抜く」という小見出しで、こんな記述がある。

ホノルルには布哇必勝会、東部同志会、パラマ更生会、カリヒ八紘会等々の名にて団結（略）。布哇必勝会本部は毎日の様に、謄写版にて、デタラメの記事を同志に配布し、「日本は大勝利だ、ハワイ近海三百マイルの処に運送船二十五隻、軍艦十数隻、航空母艦一隻が待機している（略）」

と云って、日本難民救済の為めに努力しているララ〔ＬＡＲＡ＝アジア救済連盟の略称〕その他の尊い運動を妨害していた。

この本によれば、必勝会の入会者は三千五百人から四千人。相賀は自ら経営する『布哇タイムス』に批判記事を載せたが、さまざまな脅迫を受けたという。

「勝った組」にはウチナーンチュが多かった、と下嶋は記す。必勝会のリーダーも読谷村《よみたんそん》出身者だった。日系コミュニティの内部では、少数派の〝二等国民〟のように差別され、それでいて異様なほど祖国愛をアピールし、超国粋主義者となった一部の沖縄人。その心理を考えると、米政府から強制収容などの差別に遭いながら兵士となり勇猛に戦った日系人の姿にも、重なり合う面がある。「集団への忠誠」をことさらに問われるマイノリティーの悲哀が感じられるのだ。

豚支援のための奔走

ひと通りの「前史」を見たところで、いよいよ豚支援本番の経緯を追ってみよう。

うるま市の浜端によれば、この史実に関しては、下嶋の取材に先立って具志川市の市史編纂室がハワイでの聞き取り調査を行っている。さらにさかのぼれば、沖縄ハワイ協会の高山朝光もハワイ留学の直後、「65周年迎えるハワイ移民」と題し、『沖縄タイムス』の連載レポートで豚支援を取り上げた。ただやはり、この話を広く知らしめた代表的作品として、ここでは下嶋の著作を下敷きに事業をたどってゆく。

沖縄人有志の間で豚支援の話が持ち上がり、布哇連合沖縄救済会が結成されたのは一九四七年十二月。

発案者は嘉数進の伯父・亀助で、歯科医の金城善助《きんじょうぜんすけ》と日系初の獣医・山城義雄《やましろよしお》も亀助のアイデアに強く賛同した。

若き日の亀助は苦労してシカゴの大学に経済学を学び、卒業後ホノルルで金融業を始めた。そもそも戦前の沖縄出身者は、アメリカの銀行にも日本の銀行にも差別的に扱われ、融資を受けるのは困難だったという。このため一般には、仲間うちで助け合う「模合《もあい》」という伝統的な互助金融を利用して、まとまった資金を得る形が多かった。

そんな環境下、同胞向け唯一の金融業者となった亀助は、コミュニティに貴重な存在であった。かと思えば、亀助は養豚にも取り組んで、熱心に品種改良の研究をした。そうした幅広い見識への信頼もあり、多くの一世や帰米二世が亀助に賛同して救済会を立ち上げた。表舞台を好まない亀助は副会長に収まって、会長には山城を押し立てた。

一本気の性格、自分で決めたことは自分で差配しないと気が済まない。下嶋は、伝え聞く亀助の人柄をそう記している。

メンバーにはラジオ放送の枠を私費で買い取って毎週十五分、琉球音楽の合間に募金を呼びかけた外《ほか》間勝美《まかつみ》という人物もいた。自ら脚本を書き、資金集めの演劇公演も行った外間はプロジェクトの宣伝役、亀助は〝首謀者〟として「勝った組」に敵視されたという。

それでも人々の反応は良く、浄財は三か月間で五万ドル近く集まった。豚一頭の価格は当時約七十ドル。五百五十頭の購入代金のほか約一割が諸経費に充てられた。現在の日本における豚一頭の価格三万円程度を基準に考えれば、二千万円強が集まったことになる。

募金の見事な成功は地元日本語新聞でも喧伝され、沖縄系の存在は本土の移民からも一目置かれるようになったのであった。

「日系社会が〝違い〟を受け入れ寛容になったとき、ウチナーンチュは日系人と和解した」

下嶋はウチナーンチュの立ち位置の変容を、そんな表現で記している。

ホノルル〝日本人〟商工会議所理事など日系社会全体の役職に、沖縄系の有力者が入るようになったのは、沖縄救済運動の見事さが「日系人社会に〝沖縄現象〟を引き起こし、ウチナーンチュを見る目を変えた」ためだった、と分析するのである。

募金集めは成功した。残された課題は、豚の調達と輸送、そして付き添い人の人選であった。ハワイでは不可能な大量の豚の買い付けは、山城獣医が米本土でめどをつけ、沖縄への輸送には陸軍省の協力が得られることになった。

その一方、布哇必勝会の妨害は相変わらず続いた。沖縄で豚の到来を心待ちにする沖縄民政府知事・志喜屋孝信《しきやこうしん》は当時、長文の手紙を必勝会に送っている。

「布哇在留沖縄同胞に訴う」

そう題した手紙は、伝え聞く「勝った組」の行状を念頭に置いたものだった。志喜屋は布哇必勝会のリーダーがウチナーンチュであることも知っており、現実を受け入れるよう切々と訴えた。

敗戦は事実です。敗戦は悲しいことです。さりながら長く悲哀の淵に沈淪することは、却って亡国に値します。むしろ今度の敗戦は沖縄人に蘇生の喜びを与えて、覚醒に導いたと言って過言ではありません。

しかし、そんな訴えも「勝った組」の〝信念〟を揺るがすことはなかった。

決死の航海

輸送船に乗る付き添い人の選定は「もめにもめた」。希望者が殺到したためだった。結局は「沈黙の策士、ワン・マンといわれた嘉数〔亀助〕の一言で以下六人が決定した」という。

リーダーは獣医の山城で、以下、渡名喜元美《となきげんび》、宮里昌平《みやさとしょうへい》、仲間牛吉《なかまうしきち》、安慶名良信《あげなりょうしん》、島袋眞栄《しまぶくろしんえい》。そう、当初の人員は〝七人の勇士〟でなく、六人であった。

三十代の安慶名を除いた五人はみな、五十歳前後だった。「少々高齢に思われたが、嘉数の決定にだれも異議をとなえられない」ということでの決着だったという。

一行はサンフランシスコで輸送船の準備を待ち受けたが、そこに現れたのが、自費で空路追ってきた二十九歳の上江洲易男《うえずやすお》だった。実はこの直前、リーダーの山城が「あと二名の増派」を電報で亀助に要請したのだが、上江洲は抜け駆けでホテルに来てしまったのだ。

しかしその直後、出発港がポートランドに変わり、六人はサンフランシスコを去る。

「沖縄へ行きたかったら、〔渡航〕手続きは全部自分でして追いかけてきなさい」

上江洲は合流の喜びもつかの間、置き去りにされてしまった。

旅券やビザ、七種類もの予防接種。出航までは二日しかなかった。それでも、上江洲はやり遂げた。予防接種は一日おきに打たないと副作用をもたらすが、上江洲は医師に懇願し、一度に全種類を打ってもらった。副作用の高熱で朦朧《もうろう》としながらも、上江洲は六人に再び追いついて乗船した。

陸軍が用意した船は「ＵＳＳジョン・オーエン号」。豚の積み込みや甲板への豚小屋の設置は、軍が済ませてくれていた。

四八年八月三十一日午後六時、出航。翌朝には、七人中六人が激しい船酔いに襲われていた。しかも天候は見る見る悪化して、深夜には荒れ狂う暴風のなか、七人ともベッドにへばりつく状態になった。

そこに水兵から「豚が逃げ出した！」との連絡が入る。駆け付けると豚小屋は跡形もなく、豚は右へ左へと甲板を滑り続けていた。やむを得ず、船長は港に引き返す判断をした。幸いにも海に落ちた豚は二頭だけだった。甲板により堅牢な豚小屋を設置してもらい、船は九月四日、改めて出港した。

洋上は相変わらず時化《しけ》が続いていた。九月はちょうど台風シーズンで、船旅のほとんどが悪天候のなかだった。さらなる危険も存在した。肉眼で見える距離にまで、何回も日本軍の機雷に接近した。そのたびに鐘が打ち鳴らされ、船は迂回した。

あまりにも危険な〝機雷の海〟の航行に、「万が一のことがあっても、決して犬死にではない」と、安慶名は落命も覚悟したという。

男たちは、豚の給餌《きゅうじ》と給水、豚小屋の洗浄に明け暮れた。最も重労働だったのは、船倉からエサを引き上げる作業で、若手ふたりがこれを担当した。船上では、七十匹ほど子豚が生まれたが、そのほとんどが揺れ続ける甲板で母豚に押し潰され圧死してしまった。沖縄まで生き残った子豚は二匹だけだった。

船旅は二十日間を過ぎてもなお続いた。機雷回避を繰り返したためだった。水の備蓄が減り、シャワーは禁止された。誰もが疲労困憊したなかで九月二十六日、遠方に大東島が現れた。翌日には沖縄本島も見えてきた。

「あれだけの激戦地で、島は残っているねー」

込み上げる思いに、上江洲の目に涙が溢れた。

到着地は、勝連村《かつれん》（現・うるま市）の米軍港ホワイト・ビーチ。そこには、七人の旧友や親族が大挙して待ち受けていた。七人はみな少年期、沖縄で育った帰米二世だった。再会を喜ぶ歓声がそこかしこで上がった。

無事に運ばれた豚は五百三十三頭。誕生した子豚二匹を差し引いて、計十九頭を失った計算になる。伝統的な黒い島豚とは異なり、届いたのは色白のチェスターホワイトやニューハンプシャーという品種だ。豚は農事試験場を経て、各市町村に分配された。

終戦直後、沖縄の豚は七千頭余りにまで激減してしまったが、繁殖力の強い新品種が米国から来た結果、わずか数年で戦前並みの十万頭台の水準を取り戻したのだった。

こうして七人の勇士は無事、任務を達成した。

改めて『豚と沖縄独立』を読み返すと、記録にない豚支援の発案者を下嶋が特定できたのは、救済会のメンバー・仲嶺真助《なかみねしんすけ》の証言を得られたためだった。沖縄なまりのきつい外間勝美に代わってラジオ放送のアナウンサー役も務めた帰米二世である。

ふるさとの支援に没頭した数年間を経て、ハワイの沖縄人たちは五一年、初めて全ウチナーンチュを統一する県人組織・ハワイ沖縄人連合会を結成する。それまでは出身市町村ごとの組織があるだけだった。仲嶺真助は五七年、第六代連合会長となり、六三年には沖縄系で初めて、全日系人を統合するハワイ日系人連合協会の会長に選ばれた。

その回顧『仲嶺真助自伝』に仲嶺は、恩人として嘉数亀助の名を挙げている。

頭脳明晰で仲間思いだったが、社交性には著しく欠ける人だったと仲嶺は綴っている。

ごく一部の人だけが、その人柄を愛し、その頭脳を高く買って集まって来ましたが、大多数の人には知られることなく、成し遂げた大きな仕事も知られることがありませんでした。

日本領事館による叙勲の推薦も、日系銀行の取締役就任の話もことごとく断った。一切の名誉を求めない人だった。

そんなリーダーの人柄が、周囲にも影響したのだろう。うるま市の浜端によれば、豚支援の関係者には、自分たちの功績をあえて語らない人が多かったらしい。

「現地に美談として伝わっているのですが、あの七人にしても、ハワイに引き揚げると、「これでもう、自慢話はよそうね」と誓い合ったそうです」

それでも各人の胸中に、あの日々への思いが消えることはなかった。

仲嶺もその晩年、人々が協力して故郷への支援に熱中したことで「ハワイの沖縄県人が本当の意味で一体になった」と当時を振り返っている。

あのような熱気は後にも先にも経験したことがありません。思い返す度に涙が浮かんで来ます。

ハワイからの礼状

糸満の嘉数進は、ハワイ捕虜慰霊祭に参加した現地滞在中、行動をともにした亀助の長女・大城メイから帰国後に礼状を受け取った。

彼女は慰霊法要の前日、進一家が三線奏者など部外者と一緒に彼女の父・亀助の墓参をする意味がうまく呑み込めないようだった。

だが、翌日の盛大な法要に参列し、疑問は氷解した。その昔、ハワイに沖縄からの捕虜が来ていたこと、そこにいた自らの甥・清昌を亀助が収容所に訪ねたこと、嘉数家の三線には海を越えたウチナーンチュの絆を象徴する意味合いがあることなどを説明され、ようやくすべてが腑に落ちたようだった。礼状には、その貴重な体験への感謝が綴られていた。

九〇年以来、進のハワイ訪問はこのときの旅で実に六回目。メイやその家族が沖縄に来たこともある。下嶋の新聞連載で亀助と豚支援の物語を知って以来、進は何度となくその話をしようと試みたし、三線をめぐる逸話も伝えたつもりでいた。

「でもこっちは英語がダメ、向こうは日本語が出来ないでしょう。込み入った話はどうにも伝わっていないようでした」

嘉数進はそう苦笑する。

ハワイと沖縄のいとこ同士、長年抱えていた意思疎通をめぐるストレスが、この慰霊法要によって解消した。家族史への思いが、ようやく共有されたのだ。

五百五十頭の豚支援。歳月を経て再評価される沖縄系ハワイ移民の献身は、彼らの郷土愛を沖縄に伝えただけでなく、ハワイの地においても、その団結と能力を日系社会全体に知らしめるものだった。

第6話

〝支配〟などしたくなかった

——フィリピン「ダバオ国《クオ》」の追憶

フィリピン時代の新垣壬英一家（新垣安子氏提供）

博多駅前の市街地は一面の焼け野原だった。

一九四五年秋、日本の戦争被害を把握するため、ふたりの在米沖縄人が米政府の「原爆被害民情調査団」に加わって来日した。とは言っても、二グループに分かれ視察して回ったのは本土の主要都市。沖縄への移動は、この時期まだGHQ(連合国軍最高司令官総司令部)に許されていなかった。

西日本を受け持つグループは、京都から山陽本線を経て福岡市に到着した。と、沖縄人メンバーの幸《こう》地《ち》新政《しんせい》がリーダーに単独行動を申し出た。

フィリピン・ミンダナオ島ダバオ市からの沖縄人引揚者、約八百五十人が、この街にいると聞いたためだった。収容所に充てられた国民学校では、近隣に住む沖縄出身者がかいがいしく、引揚者の世話にあたっていた。板張りの床に薄い毛布を敷き、布団にくるまって横たわる衰弱した人の群れ。校内は難民キャンプさながらの光景になっていた。

米軍の上陸から四か月にわたってミンダナオ島の山中を逃げ惑い、終戦後の九月中旬にようやく投降した人々だ。彼ら第一陣の引揚者は十月に広島・宇品《うじな》港に運ばれたが、本土出身者が次々と宿舎に収容されるなかで、沖縄出身者は沖縄県事務所のある福岡市を頼るよう促された。

ところが、福岡でも事務所の口添えは実を結ばず、公的な支援は拒まれてしまった。八百五十人は、国民学校長の善意や近隣住民の差し入れによって、かろうじて雨露と飢えをしのいでいた。

これが人間の姿かと暗涙を催した。冬というのに南洋での夏服の着のみ着のままで、長途の疲労と栄養失調と風邪とマラリヤ再発で殆ど全員塩をふった菜っ葉のように生気を失い眼はおちこみ、虫の息をしている。

北米沖縄人史編集委員会編『北米沖縄人史』には、そんな幸地の視察報告が収められている。ある老婦人は幸地に手を合わせ、「アメリカの貨物船で沖縄に帰ることは出来ないものでしょうか」と懇願した。収容所では平均して日にふたりは、子どもたちが栄養失調で命を失っていた。こんな声も聞いた。

「今度の戦争で一番犠牲になったのは沖縄県民です。南方では戦前から設営隊人夫として強制的に働かされ、サイパンでも婦女子まで討ち死に（玉砕）を強られました。ダバオでも日本派遣軍のために多くの県人が殺され食料を奪われました。なぜ、沖縄県人なるがために内地にきてまでも差別されねばならないでしょうか」

幸地はその足で沖縄県事務所に行き、ダバオ引揚者を一日も早く沖縄に帰還させるために、ＧＨＱのダグラス・マッカーサー司令官に「直訴」するほかない、と進言した。対応した事務所の担当部長も同意見だった。

「日本政府を頼っていてはらちがあきません。必ず直接陳情に行きます」

ベンゲット移民からダバオの地へ

明治以来、十人にひとりの割合で海外の地に将来を託してきた沖縄の人々。戦争によって、アメリカ移民の幸地新政とダバオ引揚者の境遇はかけ離れたものになってしまったが、振り返れば両者の明暗は、紙一重のタイミングや選択の差であった。

たとえば第1話で取り上げた〝アメリカおじい〟平良新助は、ハワイから米本土に渡ったが、その妹の金城カナ夫婦は神戸港でハワイの募集中止を知り、移民団まるごとフィリピンへと行き先を変えたのだ。

『北米沖縄人史』によれば、幸地新政の出身地も平良兄妹と同じ今帰仁村《なきじんそん》。一九一八年にメキシコに入国し、その北部からコロラド川を遡上するアメリカへの密航船に乗り込んだ。途中、思いもよらぬ船火事に遭い、命からがら岸に泳ぎ着く。そこからは極寒の砂漠を歩き続け、アメリカ先住民やフランス人牧畜業者の助けを受けながら、アメリカ入国を果たしたのだった。

一九二〇年代、ロサンゼルスの沖縄人青年は「れいめい会」という集まりを母体に「社会運動研究会」を立ち上げた。後者の設立は、名護出身の画家・宮城与徳らが平良新助の忠告を聞き入れず強行し、結果的に日本人共産主義者の摘発・追放事件「ロングビーチ事件」につながったことは、第1話で触れた。今帰仁時代から社会主義思想に共鳴する幸地も、彼らの同志だった。

注目すべきことは、幸地は戦争中、OSS(戦略事務局、のちのCIA＝米中央情報局)の工作員として働き、「原爆被害民情調査団」にも、その立場で加わっていたことだ。春名幹男『秘密のファイル(上)――CIAの対日工作』にこんな記述がある。

OSSの採用担当官が手分けして、日系人強制収容所などを回り、約二百人の日系人に面接した。採用された約四十人の日系人の大半がアメリカ共産党員だった。

彼らは、開戦後強制収容所に入れられていたが、「日本の軍部打倒」という一点で、アメリカ政府の考え方と完全に一致していた。

密入国者から共産党活動家、そしてアメリカの対日工作員。日本視察を経て、米本土で翌年から沖縄復興支援を呼びかける幸地新政は、そんな特異な経歴を持つウチナーンチュだった。

話をフィリピン移民に引き戻そう。福岡への引揚者や金城カナ夫婦がいたダバオは敗戦まで「ダバオ国《クオ》」と呼ばれるほど、日本人で栄えた土地だった。旧満州の中国語読み「満州国《マンチュクオ》」になぞらえた言い方である。『沖縄県史』によれば、太平洋戦争の直前、フィリピンで生活する在留日本人の総数は約二万七千人、うち七割が沖縄出身者だった。ダバオの在留邦人は、約二万人にも達した。

一八九八年の米西戦争のあと、アメリカ領となったフィリピンへの日本人の移民は一九〇三年に本格化した。ルソン島にある首都マニラから北方約二百五十キロの避暑地・バギオへと向かう「ベンゲット道路」の建設に大量の労働者が求められたためだ。

この工事には最大で一千五百人程度の日本人がかかわったが、険しい山岳地で事故が多発したうえにコレラやマラリアの蔓延で犠牲者が続出した。

そして、何とか無事この工事の契約を終えた日本人二百八十人を引率し、辺境の地ダバオでマニラ麻の栽培を始めたのが、太田恭三郎というマニラに住む兵庫県出身の実業家であった。太田は一九〇七年、太田興業という会社をダバオに設立した。

マニラ麻は船舶用ロープの原料で、その相場は第一次世界大戦の勃発とともに高騰、ダバオの開発はそのころから急ピッチで進んだ。

ダバオ近郊の麻耕地で開かれた金武村移民の相撲大会
（『写真集並里――世紀を越え未来へ』より）

沖縄移民がとくに多かったのは、ベンゲットで現場監督を務め、その後太田の右腕となった大城孝蔵という金武村《きんそん》（現・金武町）出身者が、沖縄から移民を積極的に呼び集めたためだ。第一次世界大戦の終結で一時的に麻相場は暴落してしまうが、本土移民の帰国が相次ぐなか、沖縄移民の比率はより一層高まっていった。

第一次世界大戦の直後に太田が他界すると、それ以降は大城が副社長という肩書きのまま経営の実権を掌握し、一九三五年、五十四歳の若さで没するまでダバオのリーダーであり続けた。

天野洋一『ダバオ国《クオ》の末裔たち――フィリピン日系棄民』は、戦後引揚者や現地残留二世の証言を聞き取って書かれた一九九〇年のノンフィクション作品だ。それによれば、ダバオ入植の初期、日本人移民はアメリカ人などが小規模に経営するマニラ麻の耕地に雇用され、麻の幹から皮を剥ぎ、繊維を取る作業に従事した。

「一日働くと翌日は起きられないといわれるほどの重労働」だったが、新興の太田興業が賃金労働でなく生産物の一割を地代とする請負耕作制を導入してからは、様相が一変した。フィリピンでは、外国人の土地所有が制限されていたものの、太田興業は政治的な働きかけもして法規制をかいくぐり、耕地面積を拡大した。日本人移民は「わずかの資本をもとに、請負耕作を通じて実質的「自営者」への道を歩む」ことを目指し、ダバオへと集まるようになっていったのだ。

ダバオ国の短い黄金期

一九二八年に沖縄人向けの「手引き」として書かれた『比律賓《フィリピン》概要と沖縄県人』（村山明徳）という書物がある。この本には、ダバオの主だった沖縄出身者の「人物紹介」があり、そこには金城カナの配偶者・銀平の名も見られる。

「ベンゲット移民の一員にして、ダバオ草分けの先達者」の銀平はこの時点で、三万株の麻耕地と五百株の椰子林を経営、長男にも一万五千株の麻耕地を任せていた。居住地区の日本人会や沖縄県人会の支部長、自営者会の会長といった役職にもあったという。

一方でこの本は、在マニラ総領事館ダバオ分館の副領事が、日本の外務大臣宛てに「ダバオに於ける沖縄県移民の長所及短所欠点」という報告書を出したこと、そしてその文面が引き起こした騒ぎの顚末についても「付録」にまとめていて、これが興味深い。

副領事の文章は「現地に永住する決心の強さ」「朴訥で年長者を敬う」など、沖縄移民の「美徳」にも申し訳程度に触れているが、本論としては沖縄人の「欠点」をこれでもか、と書き連ねるものだった。

他県人に比し、文化の程度劣等なり
利己主義にして、利害の念強く道義の観念薄し
頑冥にして猜疑心深く、常識を欠き道理を解せざるもの多し

そんな指摘が十二項目も続くのだ。

本土との言葉の壁や習慣の違いがまだ大きかった時代。だとしても、あまりに一方的な決めつけや偏見に満ちた「沖縄県人観」であり、内容を知ったダバオの沖縄県人は憤激し、外務省に抗議書を送付した。

時にそんな騒動もありながら、ベンゲット移民の転進から四半世紀を経て、ダバオは劇的に変貌した。粗末な現地人住宅が二、三十軒固まっていただけの寒村は、〝ダバオ国の首都〟と呼ばれるにふさわしい地方都市に生まれ変わったのである。

〔日本人が集中する中心部は〕軒なみに、映画館、商店、薬局、旅館、洋装店、床屋、写真館、食堂等が立ちならび、日会〔日本人会〕本部、ダバオ日本人小学校、領事館、東西両本願寺、病院、新聞社等の点在するなか、着物姿の日本婦人が日傘をさして三々五々歩く姿がみられた。

（『ダバオ国の末裔たち』）

しかしその黄金期はやがて幻のように消えてしまう。破滅への号砲は、日本軍の真珠湾攻撃。時代の暗雲は少しずつ、ダバオの楽園にもにじり寄っていた。

残留二世たち

二〇一七年九月二十六日午後、那覇空港の国際線到着ロビーに居合わせた空港利用者は、一群のテレビクルーや報道カメラマンの人垣に、何ごとかと好奇の目を注いでいた。

ゲートから現れ、フラッシュを浴びたのはしかし、誰ひとり見知らぬ高齢の男女だった。革ジャンパーを着た男性は仲地リカルド、八十三歳。もうひとりは岸本ヤス子という八十歳の女性だ。それぞれが付き添いの家族や支援スタッフを従えていた。戦中戦後の混乱期、いわゆるフィリピン残留二世として現地に取り残され、日本とのつながりを失った混血のウチナーンチュである。

日本のＮＰＯ法人フィリピン日系人リーガルサポートセンターと日本財団の支援を受け、リカルドはこの年の三月、ヤス子は六月に那覇家庭裁判所で日本国籍を認められた。ほどなく実現した今回の来日は、幼い日に離別した父親の生地に、その痕跡をたどる旅だった。

那覇空港で記者会見する仲地リカルドと岸本ヤス子（2018年9月26日，筆者撮影）

支援スタッフによると、フィリピンの残留二世には、地元住民による迫害を恐れ、あいまいな国籍のまま長年にわたって〝父親の血〟を隠してきた人が多いという。日系人として名乗りを上げ身元確認を求める人が出てきたのは、一九八〇年代以後のことだった。

二団体の支援プロジェクトで、身元確認の流れが確立した二〇〇六年以降、この年の秋まで二百二人の二世が日本国籍を取り、うち四十五人が沖縄系だった。

来日した翌朝、リカルドは本部町、ヤス子は名護市へと分かれ、それぞれ父親の出生地を訪問した。いずれも本島北部にある地区である。

リカルドの父の名は仲地平次郎。地元紙の事前の報道で見つかった「いとこの息子」仲地宗和らに案内され、リカルドは祖父や父親の墓前に手を合わせた。その足で海沿いにある父親の生家に行き、集まった二十人以上の親族と対面した。

父・平次郎のフィリピン渡航は二二年ごろとされるが、正式な記録はない。出入国手続きをしないまま、自前の船で渡航した漁業者だった可能性が強いという。現地定着後は南西部のパラワン島に住み着いて漁業に従事した。

父親は地元女性と結婚して七人の子をもうけたが、その妻と三九年に死別。日本軍のフィリピン進駐後、日本軍を補助する軍属として部隊に付き従い、やがて抗日ゲリラにとらえられ、殺害されてしまう。両親を失った子どもたちは叔母に養育され、リカルドは戦後、亡き父の跡を継ぎ自らも漁業者になったという。

初対面を果たした一同は公民館に場を移し、昼食会を開いた。沖縄民謡や踊りも披露する手厚い歓待に、リカルドは「生きている間に父の故郷に来れて本当に良かった」と感謝の思いを口にした。

もうひとりの二世・岸本ヤス子は、沖縄に親族を見つけられなかった。

父・岸本伊裕《いゆう》の記録類は残っていた。フィリピンへの渡航は一七年。ダバオに次ぐミンダナオ島第二の都市・サンボアンガでアイスクリームを売り、現地女性と結婚した。六男二女のうち兄ひとりとヤス子だけは一年間、地元の日本人学校に通ったという。戦争が始まると、伊裕もまた軍属に取られ、行方知れずとなる。子どもたちは母の作る菓子を売り歩き、戦中戦後を生き抜くことになった。

支援団体の調査では、伊裕は戦争を生き長らえ、引揚船で帰国したものの、沖縄には戻れぬまま上陸地の浦賀に近い横須賀で病死したらしい。

もうひとつ、明らかになった事実がある。伊裕にはハワイに移住した弟が存在し、ヤス子のいとこに当たるその息子が九十六歳となるその当時も健在でいたことだ。

この日、名護市長を表敬訪問したヤス子は市役所の一室を借り、国際電話でそのいとこの肉声を初めて耳にした。やり取りは自己紹介程度にとどまったが、会話中、ヤス子の目に涙が溢れ出た。

「あきらめずに身元調査を続けてきてよかった。改めてそう思った」

涙の訳をヤス子はそう説明した。

「フィリピンには日本人への嫌悪感が戦後も残っていて、私たちは岸本を名乗れない時期もありました。戦争中も抗日ゲリラが来ると、母は幼い私たちを箱の中に隠したものでした。戦争さえなければ、母はよくそう漏らしていました」

戦争が打ち砕いた移民社会

フィリピン人からの敵意は戦争中、多くの日本人がはっきりと感じていた。戦前にも土地をめぐる摩擦などはあったが、地元との関係は比較的うまくいっていた。しかし戦争が始まると、民間人の移民も通訳などとして日本軍に駆り出され、フィリピンを〝支配する立場〟となる。抗日ゲリラから敵視される存在になってしまったのだ。

沖縄移民の父・當山久三のほか、ダバオの大立者・大城孝蔵の出身地でもある金武町は一九九六年、三分冊の『金武町史 移民編』を五年がかりで刊行した。九〇年に世界のウチナーンチュ大会が始まった影響もあるようだが、市町村史でここまで移民史を調べたのは初めての試みであった。以後、県内の他の自治体史編纂にも移民史への取り組みが踏襲されることになる。

大城孝蔵の縁からか、フィリピン移民にはとくに紙幅を割いている。ベンゲット移民募集期のマニラ行き旅券取得者は、金武村内だけで百六十四人。全員がベンゲットで働いたとすれば、県出身ベンゲット移民の四十六パーセントにもなるという。二七年当時、ダバオに住む沖縄人のうち金武村出身者は十五パーセントを占め、これまた県内一の多さだったという。

しかし、第二次世界大戦は、この国に築かれた移民社会を壊滅的に打ち砕いてしまう。『金武町史　移民・本編』は、その経緯にも詳しい。

フィリピンでの日本軍戦没者数約五十万人は中国や旧満州の被害をも上回るが、一般の在留邦人の犠牲者数は定かでない。『金武町史』は総領事館の記録に「大戦中に五千人、終戦後の米軍収容所内で三千七百人」というダバオ邦人の犠牲者数があることから、フィリピン全土で民間の日本人犠牲者は一万人以上になるものと推計している。

アメリカの植民地だったフィリピンでの戦争は、真珠湾攻撃と同じ一九四一年十二月八日に始まった。日本軍は早朝、ルソン島とミンダナオ島にある米軍施設を空襲し、米軍の指揮下にあるフィリピン軍当局は、対抗して直ちにダバオにいる在留邦人を学校や闘鶏場などに強制収容した。

ダバオには、ルソン島より十日ほど遅れて日本軍が上陸した。移民たちは再び自由を手に入れたが、フィリピン兵はダバオを撤退する際に、銃を乱射するなどして、計六十四人の在留邦人が犠牲になったという。

日本人はダバオ再建のため「居留民団」をつくり、敗残兵に備える自警団を立ち上げた。自警団はのちに「義勇隊」に改組され、日本軍の通訳や道案内などを担うようになった。

数か月後にフィリピンにいたアメリカ極東陸軍が降伏。ダバオでも日本の軍政が敷かれるようになった。一方で、抗日ゲリラとの戦いはその後も継続した。「ゲリラ討伐」という名目で、日本軍が疑わしい住民を拷問したり、殺害したりする残虐行為も見られた。麻耕地は次々軍命によって、太田興業や後発の麻企業・古川拓殖は軍需工場への転換を強いられた。麻と伐り払われ、陸稲《おかぼ》や野菜の畑になっていった。

四四年、サイパンの陥落以後、戦況は目に見えて悪化した。フィリピンでは在留邦人の若者も現地召集され、女性や子どもまで飛行場の造成、陣地構築などに駆り出されるようになった。米軍機の空襲も始まった。

そしてこの年の秋以降、米軍はいよいよフィリピンに再上陸を始めた。レイテ島は十月二十日、ミンダナオ島は翌年四月十七日。圧倒的劣勢に立たされた日本軍は、各地の島々で山中に立てこもる持久戦に追い込まれていった。ダバオでも「軍民混在の逃避行」が始まった。

数多くの証言に基づく『金武町史』の描写は生々しい。

米軍の攻撃におびえ、昼はジャングルに隠れ夜歩く。水かさの増した川を越える途中で、濁流にのまれた人もいる。親にはぐれて泣くよその子を見ても、どうすることもできなかった。

＊

持っていた食糧が底をつき、ヘゴ〔植物名〕の芯やオタマジャクシ、カエルなど食べられるものは何でも食べた。現地住民の畑から食糧を奪うこともあった。

＊

日本兵による食糧強奪もあとを絶たなかった。女、子どもかまわず食糧を奪う日本兵を見ると、邦人たちは逃げるのであった。軍、民ともに〔避難した〕タモガン山中は飢えに襲われていた。栄養失調で大勢の人が、終戦を待たずに亡くなった。

やがて人々は投降を決断した。

邦人・軍人ともに山を下りてトラックで移動させられた時は、フィリピン人たちから石を投げつけられた。「ハポン〔日本〕、バカヤロウ」「カエレ」の罵声も浴びた。フィリピン人たちの精いっぱいの報復であったかもしれない。相手は日本人なら誰でもよかったのであろう。移民が築いた友好の歴史は、悲しい幕切れを迎えた。

『金武町史　移民・本編』の別冊『移民・証言編』の記述はさらに膨大だ。「ハワイ・北米」から「シンガポール・満州」まで全八章、五百五十六ページのうち、実に三分の一、百八十五ページが「フィリピン」の章に充てられている。

特徴的なのは、移住期の違いからか、人々の思いが両極に分かれていることだ。「フィリピンは天国のよう」「戦争がなければ永住したかった」と懐かしむ声がある一方、「楽しかった思い出はない」「生きて帰れたのが不思議だ」と否定的な感情が前に出る人たちもいた。

ある女性証言者は、奇しくもあの第一陣の帰還船に乗り、広島・宇品港に上陸した引揚者だった。アメリカ在住者・幸地新政の訪問時、福岡の国民学校にいた八百五十人のひとりである。

広島で二泊して、鉄路移動。福岡の学校に収容されていた期間は約二週間だったという。

寒さと栄養失調で、一日に十五、六人が亡くなった。当時の地元の新聞には「福岡中央火葬場は、フィリピン移民でにぎ《(マ》わし《マ)》ている」との迷惑記事が報じられているのを見て、怒りがおさまらなかった。

この女性はその後、福岡市内のアパートから筑紫郡の工場宿舎跡、大分の知人宅へと点々と居所を替え、沖縄に戻ることができたのは、実に宇品港に上陸した一年後、四六年十月二十三日のことだったという。

ある国際結婚家庭の家族史

「地域史の調査で人の話は聞いて回るのに、いざ自分の家族の歴史に関しては、ダメでしたね。正面から向き合うことを避ける面がありました」

『金武町史　移民・本編』の巻末に「編さん委員」として名を連ねる新垣安子は、若き日の自分をそう振り返った。

浦添市史、佐敷《さしき》町史、大里村史、豊見城《とみぐすく》市史……（佐敷町、大里村は合併して現・南城市）。

「私の職歴は、肩書きのない〝嘱託人生〟です」と謙遜した言い方をするが、一九七〇年代からさまざまな市町村史の編纂事業にかかわってきたプロフェッショナルである。

三分冊で移民史を扱った『金武町史』は、沖縄の自治体移民史のモデルとなる画期的なものだったが、フィリピン移民を中心に担当した安子にとっても、この仕事は特別な意味を持つ分岐点となった。

彼女の母親はフィリピン人。六人いる姉や兄はフィリピンで生まれ育っていた。そう、新垣家もフィリピンから引き揚げた一家だったのだ。国際結婚家庭でありながら、日本人の家長が妻子も連れ引き揚げた数少ない例だった。安子は一家が日本にたどり着いた翌年の四六年に、父の故郷・平安座島《へんざじま》(うるま市)で生まれた。

幼少期から、うっすらと家族史の概要は聞き知っていたが、その詳細を学んだのは、三十代半ばを過ぎてからのことだ。それまでは、自分の家族にどこかわだかまりがあったという。

「外国人の母を持つことに、娘として複雑な感情があったのです。同じような立場の人でないと、わかりにくいと思いますけど」

お母さんの日本語はおかしい。どうして上達しないのか。子ども時代の安子はそんな言葉を投げつけては、母親を〝いじめた〟ものだったという。

「こちらが真剣に思いを語っても、半分くらいしか伝わらない。「わかってる?」と問い詰めても、「だいたい、こういうことでしょ」という感じ。空しくなってしまうのです」

父親は、母との会話ではフィリピン語(フィリピン中部で使われるビサヤ語)を使っていた。年長の姉たちも、かつては二か国語を織り交ぜて意思疎通していたという。

「だから姉たちは母ととても仲良しなの。私は「親子みたいだな」って思いながら見ていました。私だって親子に変わりないのにね」

母親を嫌ったわけではない。近くに住むフィリピン人の友人に母親が会うときには、彼女も好んで同行し、意味不明の外国語で語り合う光景を眺めて楽しんでいたという。

そんな少女時代の葛藤もあり、親の過去に深入りせずにいた心境が変わったのは、親元を離れた東京生活のあと、年老いた父の姿を見て、心を揺さぶられたためだった。

新垣家が戦争中暮らしたのは、フィリピンの中部、パナイ島にあるイロイロ市。両親は七三年、この町に日本人慰霊塔が建てられるのを機に、引き揚げ後初めて夫婦揃ってフィリピンを旅行した。父親はその帰国後、残留二世の身元調査に乗り出したり、パナイ島引揚者を沖縄各地に訪ねたり、フィリピンにまつわる活動に没頭するようになった。

すでに七十代になっていた父親は、高血圧を患い、時に外出先で粗相してズボンを濡らして帰ることもあった。彼女はそんな姿に困惑を覚えたが、同時に父親から鬼気迫る情念も感じたのだった。

自らに残された時間をそうした活動に燃やし尽くし、彼女の父親は八〇年に没した。地元紙『琉球新報』の依頼を受け、安子が自身の家族史を連載コラムに綴ったのは、三年後のことだ。

パナイ移民、フィリピン移民の足跡を歴史に刻み付ける――。

以後、安子はこの作業を、自らに課せられた責務と思うようになった。資料を読み、関係者を訪ね、フィリピンにも足を運んだ。

市町村史の編纂に携わりつつ、移民史研究にものめり込んでゆく安子は、気がつけば、両者を重ね合わせて見る独自の視点を持つようになっていった。

「旧版の『沖縄県史』にも、移民編はあります。でも、ハワイや南米の記述に比べると、フィリピンは満足に書かれてこなかった。移民史専門家の間にさえ、フィリピン移民はもう「終わったこと」と片付けてしまう空気があったのです」

一世のつながりが二世、三世へと引き継がれ、コミュニティがいまなお継続する国ではない。フィリピンの移民社会は過去のものだ。そんなふうに思われていることが、安子にはたまらなく不満だった。

戦時下のイロイロ市

安子の父・新垣壬英《つぐひで》は一九一七年、十九歳のとき、フィリピンへと移住した。先行移民と同様にダバオに土地を借り、麻栽培を始めたが、第一次世界大戦の終結で、大不況に見舞われた。フィリピンに見切りをつけ、帰国する人も多かったが、壬英は仲間の移民たちと何隻もの漁船を買い、パナイ島のイロイロ市を拠点に漁業組合を立ち上げた。ちなみにその少し前からフィリピンの漁業は、首都マニラやパナイ島に住む在留邦人が独占的に取り仕切るようになっていたという。

そして三〇年、仕事で寄港するたびに立ち寄っていたネグロス島の仕立て屋で、壬英は店主の娘に恋をした。娘の名はフランシスカ。壬英は三十二歳になっていたが、彼女はまだ十四歳。本人や家族は当然抗ったが、壬英は強引に説き伏せて結婚に漕ぎつけた。

ふたりは当初ネグロス島、のちにイロイロ市に移り住み、六人の子宝に恵まれる。〝日本人の町〟ダバオとは異なり、イロイロの在留邦人は五百人ほどだったが、その分、現地フィリピン人社会にうまく溶け込んで、関係を築き上げた。

沖縄人と本土出身者の隔たりもなく、たとえば壬英たちを束ねるイロイロ漁業組合長、金武村出身の高江洲《たかえす》伊蔵《いぞう》は、邦人全体の日本人会長も務めていた。

壬英自身が後年、「日本に戻る気はなかった」と回顧するように、イロイロでの暮らしは満たされたものだった。しかし四一年十二月八日、日本軍の侵攻で環境は一変する。

在留邦人の戦争体験は、この島でもフィリピン当局による隔離収容から始まった。日本軍のパナイ島上陸はルソン島やミンダナオ島よりも時期が遅く、その分日本人の拘束状態も長引いて〝解放〟は遅れた。

その後の日本軍政は確かに秩序をもたらした。しかし、それはあくまでも〝いびつな平穏〟でしかなかった。コロニアルな街並みが残されたイロイロは、近くにあるネグロス島でサトウキビ農園などを経営する富裕層の街だった。日本軍進駐に先立ち、こうした階層はいち早く逃げ去った。日本軍は彼らの高級住宅を軒並み差し押さえ、軍人や在留邦人の居宅に割り当てたのだった。新垣家も、そうした一軒を与えられた。

「シャンデリアの大広間がある家だった」

安子は少女時代、姉たちからそんな思い出を聞かされている。

高級住宅地の占拠には、在留邦人を一か所にまとめて生活させ、効率よく抗日ゲリラから守るという軍の意図があった。この地区での生活は実際、警護隊や憲兵に常時守られていた。子どもたちの登下校さえ、憲兵らの護衛付きだった。

しかし、このような統治は、徹底すればするほどに、周辺住民の反感をかき立てる。反感が高まれば、ゲリラへの警戒がより一層、求められる。泥沼のような悪循環だった。漁業組合の活動も、日本軍の管理下に置かれた。漁船は軍務に使われるようになった。〝ゲリラ狩り〟は頻繁に行われ、あらぬ嫌疑をかけられたフィリピン人の知り合いを、壬英が軍に掛け合って助けたこともあったという。

やがて米軍の反撃、そして上陸が始まると、この島でも軍民の山中への集団避難が始まった。『金武町史』には、安子が調査・執筆したこのときの秘話も収められている。

「集団自決事件」。イロイロ市脱出から四日目に起きた出来事のことだ。

「これ以上、軍の足手まといにならないように」

そう呼びかけたのは、日本人会の幹部たち。避難中の邦人、百人ほどが一か所に集まった。思い直しその場から離れた人たちもいて、実際に命を絶った人数は不明だが、壬英と親しかった日本人会長の高江洲はピストルでこめかみを撃ち抜き、日本人小学校の校長も自ら死を選んだ。

「私は(最後まで現場にいて)生き残った四人のうち三人から話を聞きました。でも、ひとりは「思い出したくない」と絶対に会ってくれませんでした」

人々が山を下りたのは、ここでも四五年九月になってからだ。

安子の両親は別々に引き揚げて、浦賀で合流した。沖縄に戻れたのは一年後のことだ。

投降後、夫とは別に米軍収容所にいた母フランシスカはなぜ、フィリピンに残ろうと考えなかったのか。残留二世の存在が示すように、混血児を抱えた母親の多くは、日本への船に乗ろうとしなかった。

「月子が沖縄にいたからよ」

娘の質問に、フランシスカはそう答えたという。

月子は一家の長女、安子の長姉の名前である。戦時中、両親の願いを受け、フィリピンの日本人小学校から沖縄の高等女学校へと進学した。残る五子を連れ、フランシスカが日本での人生を選び取ったのは、長女を失いたくなかったためだった。

「周りはみな反対です。強制収容所の女性監視兵からも言われたそうですよ。『フランシスカ、あなたはフィリピン人なんだから、日本に行くことはない』って」

戦後一九六〇年代から、多くの元在留邦人は、その昔、彼らがコミュニティを築いていたフィリピンへ慰霊の旅に出かけるようになった。

それからさらに半世紀以上。引揚者の高齢化は著しく、いくつもの関係団体の活動が立ち消えになりかけている。そうしたなか、最大グループの「ダバオ会」はなお、毎年の慰霊旅行を続けている。

ダバオ会員で金武町遺族会長の仲田一夫は、しばらく現地訪問からは遠ざかっているものの、これまで計五回、フィリピンへの旅を重ねてきた。

終戦時は九歳の子どもだった。麻耕地の経営者から軍属となった父親は戦争の初期、抗日ゲリラに殺害されてしまったが、そこまでさかのぼると記憶はあいまいだ。ただし戦争の最末期、四か月間の逃避行の残像はいまでもしっかりと脳裏に刻まれている。

「とにかく毎日のように雨だった気がします。じめじめしたジャングルのなかに負傷兵が倒れている。「水をくれ」「助けてくれ」と訴えるのですが、誰ひとり見向きもしない。艦砲射撃で知り合いの子が亡くなるのも目の前で見ました。慣れてくると、弾が落ちてくる場所が音を聞くだけでわかるようになるのです。近そうなら臥せて体を守ります。それでも、やられるときはやられてしまうのです」

男ばかり四人兄弟で、ふたりの弟は栄養失調で衰弱死した。

苦しみは引き揚げ後も続いた。上陸地は鹿児島。その後、どういった経緯からか、大分県の農家で馬小屋を借り、母子三人で沖縄に帰る日を待ち続けた。

母親は工事現場の日雇い仕事を見つけては働きに行ったが、満足な稼ぎは得られなかった。夏服のままの帰国だったため、母親が毛布で服を縫い、防寒着にした。地面に落ちている大根の葉を拾ったり、自生する野蒜《のびる》を採ったりして飢えをしのぐ日々だった。

「だから大分の生活まで含め、子ども時代にいい思い出はまったくありません」

それでも三十歳になったころ、かつての周辺住民や使用人だったフィリピン人を訪問してみないか、と旧友に誘われ心を動かされた。

ダバオ会の旅行がまだ恒例化していなかった初期の時代。約二十年ぶりの出生地への旅はしかし、ほろ苦いものだった。仲田家がかつて経営した耕地周辺に住む知り合いこそ再会を喜んでくれたが、それ以外の集落を回ると、日本人の到来に怯えたり、逃げたりする住民がそこかしこで見られた。

戦争の傷跡は未だ生々しく人々の胸中に残っていた。

「訪問団が恒例になると、物を売りつけるとか〝観光ずれ〟が目立つようになり、それはそれで嫌でしたけど、最初は本当に警戒心が強かった。あと、日本人の側にも、絶対にフィリピンに行こうとしなかった人たちがいます。よほど恨まれるようなことをしたのか、理由はわかりませんけどね」

ダバオ会とは比べものにならない小さなグループだが、イロイロの引揚者も親睦会をつくっていた。新垣壬英の死後、会員と交わるようになった安子は、あるとき、ふと浮かんだ疑問を尋ねてみた。彼らはなぜ、年一回の親睦会を十二月八日に開くのかと。

「私たち全員の人生が、あの日に変わったためですよ」

米軍がパラオ島に再上陸した日付でも、密林での逃亡生活に終止符が打たれた日付でもなかった。日本の軍隊が、勇ましくフィリピンに攻め入った日。イロイロの引揚者は、母国日本の辻々でバンザイが叫ばれた日米開戦の日付をこそ、南洋での満ち足りた暮らしを失った〝命日〟ととらえていた。

第7話

十家族の流転

――銃剣とブルドーザーに追われて

1955年7月，伊佐浜闘争の抗議現場(沖縄公文書館所蔵)

「ずいぶんと遠い記憶だねえ」

那覇港を一望できる喫茶店に現れた沖縄の老作家・川満信一はそう微笑み、懐旧談を聞こうとした私に、自身の著書を差し出した。

『沖縄・自立と共生の思想――「未来の縄文」へ架ける橋』（一九八七年）。

私は促されるままに、階下のコンビニで十七ページ分を複写した。指定されたのは、「飢餓の原基――伊佐浜土地闘争と移民」と題された一文であった。

金網に囲われた部落の田畑にはブルドーザが乗り入れてきて、手前の茅ぶきをまず押し潰した。部落近くの一号線で、先頭の装甲車を阻止しようとスクラムを組んでいたわたしたちは、MPの逆手に持った銃尾板で、したたかに背中を打ちのめされ、道路の反対側にひきずられ放り出された。

一九五五年七月、二十二歳の大学生だった川満の息づかいが、確かにこの文章には読み取れた。

当時の沖縄では、米軍による力ずくの土地接収が続いていた。五二年発効のサンフランシスコ講和条約で米軍政の継続が決定し、米軍は基地の恒久化を図るためにその統合整備に乗り出したのだ。

それまでの基地は主に、沖縄戦で焼け出された住民が戦後、米軍の収容所にいる間に、無人の地をフェンスで囲い込み、奪い取ったものだった。しかし新たな統合整備では、たとえば真和志《まわし》市や小禄《おろく》村

（いずれも現・那覇市）、読谷村《よみたんそん》などで住民を改めて住居から追い払い、米軍基地を拡張した。

　なかでも注目されたのが、本部半島の先にある伊江島と宜野湾村（現・宜野湾市）伊佐浜地区における土地収用だった。「銃剣とブルドーザー」という有名な言葉は、これらの地で繰り広げられた光景を表現したものだ。琉球大学の学生だった川満が、文芸クラブの仲間と支援に通ったのは、その伊佐浜の現場だった。壮絶な抵抗の経緯だけでなく、住民の〝その後〟の足取りにも、川満の眼差しは及んでいる。


　伊佐浜の農民たち三十二世帯（約百二十人）は、行きどころを失ない、路頭に叩き出されたままとなった。例によって、米軍のアカ宣伝は、伊佐浜の抵抗をアカの扇動によるもの、とデッチあげ、それを怖れた当時の、琉球政府の首脳部たちは、叩き出された農民たちの身のふり方について、出来ればかかわるまいとする消極的な姿勢をとっていた。結局、伊佐浜区民たちは、子弟の通っている大山小学校に交渉し、夏休みを繰り上げて、教室を空けてもらい、そこを仮りの寝ぐらとした。


　前述したように、この文には「伊佐浜土地闘争と移民」という副題がついている。そう、この接収で家や土地を失った住民のなかには、新たな居住地を遠く南米大陸に求めた人たちもいたのである。

　第３話でこの前年、五四年に始まったボリビア・サンタクルス州への開拓移民について取り上げた。私は二十年近く前、彼らのいるオキナワ移住地に通い始めたころ、この土地の入植者のことを「米軍にふるさとを追われた人々」と勘違いしていた。

　そのなかには確かに、戦中から戦後、米軍の収容所にいる間に家や土地を失った人もいた。だが、ボリビア移住そのものが基地問題の救済事業だったわけではない。

その意味で言えば、一夜にして流浪の身になった伊佐浜の移民こそが〝基地被害者〟のイメージに近い。行き先はボリビアでなく、隣国のブラジル。土地闘争に敗れた二年後の五七年夏、十家族計五十九人の伊佐浜住民は、「チチャレンカ号」という船で新天地へ旅立った。

農民たちの徹底抗戦

一号線と呼ばれていた沖縄本島西海岸の幹線道・国道五八号線を那覇市から北上してゆくと、浦添市に入った左手に米軍牧港補給地区キャンプ・キンザーがあり、宜野湾市では右手高台にある普天間飛行場のふもとを通り抜ける。やがて、右側の視野が急に開け、沖縄海兵隊の広大な中心基地が現れる。キャンプ・フォスター、その昔キャンプ瑞慶覧と呼ばれた基地である。その南端から三百メートルほど先のフェンスの内側で六十余年前、伊佐浜の人々の暮らしが営まれていた。

いまでこそ道路左手にも埋め立て地が広がるが、土地闘争の当時はすぐそばまで波打ち際が迫っていた。戦前にさかのぼれば、海沿いに嘉手納村(現・嘉手納町)へと続く軽便鉄道が走っていた。一帯は、湧水に恵まれた本島一の水田地帯だった。

『宜野湾市史第一巻　通史編』によれば、伊佐浜で土地問題が持ち上がったのは五四年四月。米軍は唐突に稲の植え付けを禁止して、「流行性脳膜炎を媒介する蚊が発生するのを防止する」と説明した。実際にはこの土地をキャンプ瑞慶覧に接収する計画がすでに決まっていた。

関係する地権者・住民は、周辺四行政区の計五百五戸に及んだ。やがて正式に接収が通告され、各集落は次々と恫喝的要求に屈したが、家屋も農地も失う人が多い伊佐浜集落は頑強にこれを拒絶した。

とくに強硬だったのは、子育てをする母親たちだった。米軍が条件に示したのは、わずかな補償と家屋の移転先だけで、田畑の代替地はなかった。生活はとても成り立たなくなる。

集落の幹部らは翌年の一月、村長の説得を受け、一度は要求の受け入れに傾いたが、そんな〝弱腰の男たち〟を押し退け、闘争の前面に立ったのが女性たちだった。琉球政府や米軍司令部、県レベルの議会に相当する立法院など各方面に陳情し、さまざまな集会や会合に出て県民に支援を呼びかけた。

米軍の接収がいよいよ強行された当日も、女性たちは身を投げ出し、最後まで抗った。

「ボクなんかは米兵に殴られてすぐ排除されてしまったけど、女性たちは殴られても簡単にはスクラムの腕を離さない。生活をかけた必死さは、学生とはまるで違うものでした」

前夜から農家に泊まり込み、抵抗に加わった川満は私にそう語った。

森宣雄・鳥山淳編著『「島ぐるみ闘争」はどう準備されたか――沖縄が目指す〈あま世《ゆー》〉への道』という本に、この時代、沖縄人民党の一部関係者が密かにつくっていた地下組織・日本共産党沖縄県委員会の実務責任者だった国場幸太郎の回顧が収められている。

足繁く集落に通ううち、住民の信頼を得た国場は、五五年一月、地区住民の会合に、沖縄のローカル中道左派政党・沖縄社会大衆党（社大党）の立法院議員だった西銘《にしめ》順治《じゅんじ》を連れ出すことに成功した。

西銘はのちに自民党衆議院議員、保守系知事となる人物で、当時から発言力を持つ政治家のひとりだった。伊佐浜訪問にはギリギリまでためらいを見せていたが、住民から直接、切実な訴えを聞き、社大党内や立法院議員たちに支援を呼びかけることを約束した。『戦後政治を生きて　西銘順治日記』には「殊に、婦人たちの悲壮な気持ちに胸を痛めた」と、この日の記述がある。

国場はその五か月後、米軍の「最後通告」があった日も伊佐浜にいた。部外者を締め出した住民総会が開かれ、部屋の外で待つ国場らに結果が伝えられた。

そう、米軍は「アカの扇動」と決めつけていたが、伊佐浜問題の意思決定はあくまでも住民たちだけで行われていた。会議の流れを決めたのは、ひとりの長老の発言だったという。

接収に反対するか、応ずるか、どの道を選んでも、自分たちには土地も残らないし、移動先もない。それを自分で土地を明渡したとあっては、アメリカ軍の野蛮な土地取り上げを自分たちが認めたことになる(略)この上は最後まで土地取り上げに反対して闘い抜き、せめて、歴史の上に伊佐浜の名を残そうではないか。

(『「島ぐるみ闘争」はどう準備されたか』)

国場は、出席者たちから「重く淀んでいた〔総会の〕空気はこの一言で一掃された」と聞かされた。

「銃剣とブルドーザー」によって集落が破壊される光景は、那覇から駆け付けた西銘もまた、鉄条網越しに見つめていた。

日記には「あさましい限りの強奪ぶりだ。アメリカは民主主義も自由も口にする資格はない」とある。

一方で、郷土史家の立場から伊佐浜土地闘争を調べてきた仲村元惟《なかむらもとのぶ》は、私に意外な指摘をした。

「伊佐浜の人はかわいそうですよ。よそからの支援者は確かに多かった。でも同じ村内にある近隣集落の支援は、次第に細くなっていったのです。妥協しないと食っていけないぞ、などと伊佐浜住民に言う人もいましたし、役場で村長室に入り浸る米軍人もいた。地元関係者の多くは、結局のところ〝とばっちり〟を怖れたのです」

伊佐浜の孤立には、集落の歴史的背景が影響したのかもしれない、と仲村は言う。

伊佐という行政区のなかで、「本集落」より格下の「ヤードゥイ(屋取り)」と位置づけられていた。

外部からの転入者が暮らす集落のことだ。一七〇〇年代に、首里や那覇から流れて来た旧士族が住み着いたのが、伊佐浜の始まりだったからだ。新たな転入者は小作農としてカネを貯め、周辺の農地を買い取って自作農となった。長い歴史を経て士族意識は消え去ったが、戦前までさまざまな行事は伊佐浜単独で行い、周囲の本集落との関係は薄かったという。

ちなみに伊佐浜が接収されたとき、高校生だった仲村は二、三十人の級友と一緒に現場近くまで駆け付けたという。道路は米軍に遮断されていて、遠巻きに石を投げ、憤りを示すのが精いっぱいだった。八〇年代から市史の編纂に携わってきた仲村だが、近年は伊佐浜土地闘争の証言を得ようにも、「当事者の行方は、ほとんどわからなくなってしまいました」と、時の流れを感じている。

インヌミヤードゥイからブラジルのコーヒー園へ

一九九四年刊行の『宜野湾市史第一巻　通史編』によれば、行き場を失った住民のうち二十四家族(二十三家族とする資料もある)は、大山小学校を出て美里村(現・沖縄市)の「インヌミヤードゥイ」という軍用地跡に移動した。伊佐浜と同様、「ヤードゥイ」と呼ばれるこの土地は、戦前、村外にルーツを持つ転入者の小集落があり、戦後米軍が接収した場所だった。

海沿いの高台に位置するため、応急のトタン葺家屋は台風のたびに破壊された。周囲には砂利が敷き詰められ、農業にも適さない。住民らは八重山開拓地への再移住なども検討した結果、琉球政府のあっせんを受け、希望者はブラジルに移住することになった。

沖縄県公文書館に残る関係文書には、五六年十一月の段階で十五家族九十三人の移住希望者がいると記されている。実際には三分の一が応募を取りやめた。

ちなみに、このインヌミヤードゥイという地名に、私は聞き覚えがあった。終戦後の数年間、外地から本土経由で帰郷した引揚者はみな、ここにあった施設に収容され、一定期間後にそれぞれの出身集落に戻ることになっていた。第6話で取り上げたフィリピン引揚者の回顧にも、この地名が頻繁に登場した。南方や大陸からの引き揚げに区切りがついた五〇年ごろ、この施設は閉鎖したが、その跡地に約五年後に造られた伊佐浜住民の応急家屋から、今度はブラジルへの移民が旅立つことになったのだ。

詳細は後述するが、伊佐浜移民十家族の中にも、フィリピン引揚者だった人が何人かいた。インヌミはそんな移民の往来が記憶に刻まれた土地だった。

沖縄市が九五年にまとめた『インヌミから——50年目の証言』という本には、伊佐浜からインヌミに来たもののブラジルには渡らず、この土地に暮らし続けた田《た》里《さと》友康《ゆうこう》という人物の証言が収められている。

> たいへんな時代でした。私も苦労しました。彼らは「こっちではだめだ、向こうでは土地もいっぱいある」ということでブラジルに渡ったんです。私もブラジルに行くつもりでしたが、年寄りもいるし、また、向こうで身の上にトラブルがあったら大変と親に反対されて行かなかったんです。

県内の他の土地にも移らず、インヌミに残った住民は数家族。遠方から水を引いて水田を作ったり、サトウキビ畑にしてみたり、悪戦苦闘を重ねたという。一帯にはその後、県営アパートや分譲住宅が建ち、現在はかつての荒涼とした風景とはかけ離れた住宅密集地になっている。

ブラジルに上陸した伊佐浜移民の一行は、トッパンというサンパウロ州内陸部の田舎町で五家族ずつ、二か所のコーヒー園に分かれて働いた。戦前移民ふたりが身元引受人となり、彼らを雇用した。

ブラジル移住後の伊佐浜移民を調査したまとまった記録は、石田甚太郎という元教員の文筆家が九六年にブラジルを訪問し、聞き取りをした『米軍に土地を奪われた沖縄人《うちなんちゅ》――ブラジルに渡った伊佐浜移民』という本が一冊あるだけだ。ブラジル沖縄県人会の『ブラジル沖縄県人移民史――笠戸丸から90年』にも「伊佐浜移民」の項があるが、内容はこの本を下敷きに書かれている。

石田の本によれば、二か所での契約労働はそれぞれ一年間、二年間と期間が違っていて、それを終えた家族は近隣のコーヒー園や農場を渡り歩き、小作農や小規模自作農になっていった。山林の開拓に挑んだ人たちもいた。

しかし、地方での農業労働は、過酷な負担にもかかわらず収益は上がらない。『県人移民史』も、一般論としての描写と思われるが、「見渡す限り広漠と広がる緑の樹海（略）作業者は汗が染み入って裾からしたたる程働いても、食うのが精一杯」だった、と記している。

そんな状況が好転していったのは、各家族が六〇年代半ば以降、大都会サンパウロ市に移り住み、「コストラ（縫製業）」や「フェイラ（露天商）」に職種替えしてからだ。

石田がブラジルを訪れた九六年は、伊佐浜移民たちの現地生活も四十年近くなり、暮らし向きは落ち着きを見せていた。日本へのデカセギブームに乗り、生活を立て直した人もいた。

そんななか、伊佐浜の軍用地対策委員長として土地闘争の先頭に立っていた沢岻安良《たくしあんりょう》の一家三人は移住八年目に挫折、沖縄に引き揚げてしまっていた。川満信一の「飢餓の原基」には、この知らせを聞いた驚きも記されている。琉球大学を出た川満は地元紙『沖縄タイムス』の記者になっていた。

移民に加わった十家族のうち、指導者であった沢岻さんが、なぜかひとり引き揚げて帰った。沢

are紙さんは「現地の事情はひどいものだった。四年ほど奴隷と同様の条件で、他人に使われていた。知人や親戚もいないし、どうしようもなかった。あのときの〔琉球政府〕移民局の話は全くでたらめで、話にもならなかった。皆も入植地を離れて、サンパウロの街に出ている」と語り、移民地の実情については、それ以上に語りたがらない。

ブラジルに残った九家族の、その後の経過はどうなっているのだろう。地球の裏と表では、た易《やす》く追跡調査というわけにもいかない。

伊佐浜住民のリーダーは実のところなぜ、自分たちだけで帰って来てしまったのか。

「さすがに問い詰める聞き方はできませんでしたが、明らかに良心が咎めている様子でした」

「本当は昔のことはもう忘れたいのです」

石田による聞き取りからさらに二十年余りが経過した。一九五七年の移住から数えれば、六十年以上が過ぎている。果たしていまも存命の伊佐浜移民一世はどれほどいるのだろう。

私はサンパウロに住む二十数年来の友人・深沢正雪の力を借りることにした。邦字紙『ニッケイ新聞』の編集長。「勝ち組」を扱った第4話では、彼の著書『「勝ち組」異聞――ブラジル日系移民の戦後70年』を一部引用した。今回は実際に動いてもらう依頼になるのだが、伊佐浜移民の消息を探るうえで、頼れそうな人物は彼以外に思い浮かばない。

幸いにも深沢を通じて、山縣陸人《やまがたりくと》という若手記者が依頼を引き受けてくれた。私は関係資料を彼に郵送し、メールでも綿密に打ち合わせを重ねた。

実は、有力な手掛かりがひとつ見つかっていた。「ブラジル沖縄県人移民研究塾」という現地のグループが刊行する『群星《むりぶし》』という同人誌があり、二〇一六年に出た号に「伊佐浜移民澤岻《たくし》安信《あんしん》さんの足跡」という記事があったのだ。

山縣は、移民研究塾の代表・宮城あきらに問い合わせ、サンパウロ市カーザベルデ地区に暮らす澤岻安信を訪問してくれた。深沢と宮城も同行した。

ブラジルに移住した直後の澤岻安信一家（澤岻安信氏提供）

移住当時、十家族の家長で最年少、二十五歳だった澤岻安信も八十六歳になっていた。他の家長はすでにみな、他界してしまったという。

「本当は昔のことはもう忘れたいのです」

安信はそう繰り返したが、粘り強く山縣らが質問を重ねると、少しずつ重い口を開くようになった。

その回顧は、十三歳のとき戦火を逃げまどった沖縄戦の話から始まった。暗闇のなか、一緒に逃げていた母親とふたりの弟は米軍の機銃掃射を浴び、落命した。米軍に投降し、収容所生活を経て伊佐浜に戻った安信は、当初は祖父とふたり暮らし、しばらくしてフィリピンに出稼ぎに行っていた父親が帰国して、男ばかり三世代の家庭で成長していった。

土地接収の前年に結婚し、生まれたばかりの長男を連れ、ブラジル移民に加わった。意外にも安信は、強制接収で行き場を失った「三十二家族」ではなかった。その自宅は一号線の海側にあり、紙一重で接収を免れていた。また彼の仕事はタクシー運転手。自宅も仕事も失ってはいないのに、ブラジル移住という一大決心をしたのである。

「とにかくアメリカに支配される沖縄を出たかったのです。あのころの沖縄では、私たちは四等国民です。人間扱いされません。あなたたち、バール(ブラジルの軽食堂)で物乞いが来たらどうします? あっちに行け、と追い払うでしょう。私たちは米軍の兵隊にそんな扱いを常に受けていたのです」

しかし、ブラジルでの暮らしは予想以上に厳しかった。コーヒー園で働いたり、山林を買い開拓したりしたが、地方では生活向上のめどが立たず、サンパウロ市に出て縫製の下請けをするようになった。その後も自動車整備工、タクシー運転手、バールの経営など職を転々として、暮らし向きが落ち着いたのは、長男がスーパーを営むようになってからだという。

なぜ移民に踏み切ったのか

私は伊佐浜移民の当事者にいくつか聞きたいことがあった。それは石田甚太郎による取材で、家長たちの談話がみな似たニュアンスに感じられたことから、芽生えた〃仮説〃だった。

伊佐浜の土地接収については憤りを語るが、その結果、異郷の地で苦労することになった恨みつらみは口にしない。ブラジル移住後の体験はみな淡々と語っていた。

石田のブラジル訪問は、沖縄の大田昌秀知事の時代である。米兵による少女暴行事件の翌年であり、沖縄では反基地感情が高まっていた。石田も取材した各人に「現在の基地問題」への意見を聞いていた。だが伊佐浜移民らは、この問いにも感情を動かさない。「米軍基地を撤去したら、沖縄は経済的に苦しくなるのではないか」と、突き放した言い方をするだけだ。

彼らが知る米軍統治下の沖縄では、確かに基地経済の存在は大きなものだった。宜野湾村民の間でも軍雇用の仕事こそ最大の現金収入源だった。昨今の沖縄とは、感覚の差があって当たり前だった。

だが私は、どこか諦観さえ漂う彼らの反応に、違う要因もあるように感じた。

たとえば、米軍という巨大な力に立ち向かい、叩きのめされた敗北感、無力感。あるいは、郷土史家の仲村が言う「近隣集落の支援が細くなった」ということにも通じるが、結局は自分の力しか頼れないという孤独感、疎外感。感情の起伏がどこか薄く見える背景には、そんな心理的要因もあったのではないか。石田の本を読んだだけの〝仮説〟だが、そんなことを考えたのだ。

伊佐浜移民の直後にブラジルに渡り、邦字新聞社などで働いて帰国、現在はまた那覇市に暮らしている上江洲《うえず》清という人物がいる。彼はこんなことを言っていた。

「沖縄が本土復帰する以前、米軍統治に苦しんでいた時代の情報は、ブラジルの県人社会にほとんど伝わっていませんでした」

考えてみれば、ブラジルで戦後移民を迎えたのは、戦前の移民だ。彼らの知る故郷は、大日本帝国の沖縄県だった。またこれは、日本人移民全般に言える話だが、農奴のような境遇から這い上がった自負のある戦前移民の目に、戦後移民は「考えの甘い連中」と映りがちだった。反対に、戦後移民の側に立てば、移住直後、戦前移民の農場で低賃金で酷使され、当時の悪印象を抱き続ける人もいる。

そう考えると、「伊佐浜闘争の当事者」という境遇にも同情は集まらなかったかもしれない。

『ニッケイ新聞』の山縣記者に私は、そういった推論をあれこれぶつけてもらったが、いずれも安信にはピンと来ないようだった。

ブラジルへの移住は、沖縄を追われたネガティブな思いより、広大な大地に憧れる前向きなものだったと安信は強調した。かつて石田に対しては、ブラジルでの苦労も「住めば都だよ」と語っている。「銃剣とブルドーザー」の体験とその後の人生は、彼のなかであくまでも切り離されているようなのだ。

やがて山縣はもうひとり、屋良《やら》朝二《ちょうじ》という伊佐浜移民も見つけ出してくれた。その聞き取りの音声データにも、似た印象を覚えた。移住時の年齢は十八歳。家族七人で移住した一家の次男だった。

現在の住まいは、安信と同じカーザベルデ地区。第4話で触れたように、戦前の沖縄移民はジュキア線沿線とカンポグランデという地方に多かったが、戦後の集住地区はサンパウロ市や近郊にあり、カーザベルデもそのひとつだ。

屋良一家はフィリピン・ダバオからの引揚者だった。朝二はフィリピンで生まれていて、厳密には二世だ。終戦時は六歳。米軍上陸後、ジャングルを逃げ惑った日々のことはいまも覚えているという。山中での逃避行中、そして米軍への投降後、三人のきょうだいを栄養失調で失った。

驚くべきことに、彼の一家も「三十二家族」ではなかった。伊佐浜での自宅はやはり「一号線の海側」にあった。ブラジル移住には加わったが、それまでの二年間、インヌミヤードゥイでは暮らしていなかった。しかも、朝二の父親は軍雇用員として収入を得ていた。彼らも厳密には、〝沖縄を追われた移民〟ではなかった。

「外国に行ったほうが、土地はあるし、生活が楽になる。親たちはそう考えたのではないですか」

伊佐浜の自宅はもともと場所が悪く、大きな台風が来るたびに高潮の浸水被害に遭っていたという。戦前に海外で暮らした体験があることも、移住する決断に「影響したと思う」と推察する。

ブラジルで一家は転々と居所を替え、コーヒー園の仕事を重ねたあと、七〇年ごろからサンパウロで縫製業を始めた。この仕事も手間賃は安く、早朝から深夜まで働き詰めだったが、それでもコーヒー園よりは楽で、生活は徐々に安定したという。

五十歳になるころから十年ほど日本に行き、自動車部品工場などで働いた〝デカセギ体験〟もある。

「若いころは沖縄に帰りたいと思ったこともありますよ。でも、あのまま向こうにおっても何もなかったし、結局は海外に出てよかったと思ってます」

朝二は石田の本に登場していないが、他の移民の基地撤去への消極論をどう思うのか。

「基地がないとやはり経済的に困る。そう考えたのではないですか。でも最近はヘリコプターから学校に部品が落ちたりしてるでしょ。黙っとったら米軍は何をするかわからない。難しいですよね」

沖縄でも、すでに遠い日の歴史のひとこまになりつつある伊佐浜土地闘争。郷土史家の仲村が語っていたように、当時を知る人はもはや数少ない。同時期にあった伊江島の闘争には、阿《あ》波根《はごん》昌鴻《しょうこう》という傑出したリーダーがいて、沖縄の本土復帰後も反戦平和資料館「ヌチドゥタカラの家」を中心に体験が伝承されている。それと比べると、宜野湾での記憶が風化しかけている印象はどうしても否めない。

私のそんな見方を山縣が伝えると、朝二は「忘れてほしくない」とはっきり言い切った。

「伊佐浜で起きたことを、忘れてほしくないんです。そこにいた十家族がブラジルの国に世話になったことも」

淡々と人生を語っていた朝二からこのときだけ、意外なほど感情のこもった反応が返ってきた。

基地問題への思い

しばらくして私は、ネットのビデオ通話を利用して、宮城あきらと直接やり取りをする機会を得た。

前述した移民研究塾の代表である。

彼自身は伊佐浜土地闘争のとき高校生。沖縄で小・中学校の教師や塾講師をして、叔母のいたブラジルに移り住んだのは、もはや「移民」という言い方をほとんどしなくなった二十年ほど前のことだ。

宮城は、澤岻安信の聞き取りに同席してくれた。録音を聞き返すと、戦後の沖縄とブラジル県人社会の双方を知る彼が、的確に私の質問意図を汲み取って、噛み砕いて安信に説明してくれていた。

私は自らの〝仮説〟と、伊佐浜移民が生きた〝現実〟について、改めて宮城から意見を聞きたかった。土地闘争に敗北し、失意のなか、ブラジルに渡った移民たち。しかし異郷の地で孤立無援の歳月を生きてゆくなかで、自らが直面した不条理を、いつしか胸中奥深く封印するようになった。当初の〝仮説〟はそんなストーリーだった。

だが沢岻安信や屋良朝二の話を聞き、私の認識は変わった。彼らは土地接収の怒りを忘れたわけではない。ただ、ブラジルまで〝被害者意識〟を引きずってはいなかった。両者は別々のことだった。そもそも彼らと同時代に、沖縄では無数の人々が、似たような苦難を味わっていた。

目の前で暴力的な土地の奪われ方はしなくても、終戦後、自らの土地がフェンスに囲まれていた人はいくらでもいる。耕す農地がなく、軍雇用で収入を得る以外、生きる術のない人も島中に溢れていた。

ボリビアへ、ブラジルへ、だからこそ多くの人が戦後も海外移住を望んだのだ。

インヌミに仮住まいをしていたころ、伊佐浜の元住民らが琉球政府に出した文書には、五五年九月、沖縄県軍用地等地主会連合会が行った調査結果への言及がある。

対象者は「住宅地を接収されて移動を余儀なくされた者」計一万千八百五十五戸。このうち約五十二パーセント、実に六千百四十戸もの人々が、海外移住の希望を示していた。戦前から十人にひとりの割合で移民に出た沖縄県ならではの感覚かもしれないが、多くの県民にとって海外移住は生活上の困難を打破する方策として、念頭に浮かびやすいものだったのだろう。

伊佐浜移民が移り住んだブラジルには、個人的な呼び寄せの戦後移民もいたし、青年会活動を母体とした若者の移民制度「青年隊移民」などの試みもあった。片や戦前からの移民には、米軍統治下に生きる県民の苦しみは、あまりピンと来ないものだった。

「聞かれなければ自分から土地問題の話はしなかった」

「他人に話しても仕方のないことだった」

伊佐浜移民たちがそう言うのも、無理もないことだった。

目の前の日々をとにかく必死に生きてゆく。そんな思いで歳月を積み重ねたに違いない。

長々とした私の推論に、宮城も概ね同意してくれた。

「このまま沖縄にいても将来性はない。苦しい生活のなか、そう考え海外に希望を求めた点では、他の戦後移民と共通する面があったと思います。ただ、伊佐浜ほど豊かな水田は沖縄には他になかったんですよ。それを失った未練は感じていたはずだし、あれほど激しく反対を訴えてもだめだった社会への諦めもあったことでしょう。結局は、ブラジル奥地の厳しい環境で、日々、生きるのに精いっぱいだった。そういうことではないですか」

一方で宮城は、澤岻安信の発言に『群星』での取材時から微妙な変化を感じたという。

「昔のことはもう忘れたい、という言葉は変わりません。ただ、米軍基地の存在について今度は「ノー」と言いました。「戦争はあってはいけない。自分たちのような体験はしてほしくない」ともね。以前のインタビューより、少し気持ちを語ってくれたように思うのです」

自分たちが取り組む移民研究塾の活動にも、宮城は言及した。

「ブラジルで沖縄県人会はマンモス県人会と呼ばれますが、十九万県系人のなかで県人会会員は二千人を切っているのです。若い人の県人会離れのなか、どのようにウチナーンチュの精神を受け継いでいくか、先人たちの切り拓いた歴史を伝えるか。そんな課題に取り組む一環で、私たちは『群星』を出すようになったのです」

決して消え去らない記憶

宮城とのやり取りで区切りをつけ、協力への謝意を伝えた山縣から数日後、カーザベルデにいる三家族目の伊佐浜移民に会う、という連絡が飛び込んできた。

田里友憲《ゆうけん》。年齢はこの時点で八十五歳。友一とナへという夫妻の長男としてブラジルに移住した。私が誰よりも話を聞きたい人だった。田里ナへという彼の母親こそ、伊佐浜闘争を戦い抜いた女傑、事実上の伊佐浜のリーダーと言われていたからだ。

聞き取りには妻・雪子も同席した。ふたりは伊佐浜闘争のあと、移住する前年に結婚したという。

「だから闘争のときのお義母さんは知らないけど、結婚前、兄から「すごい人だよ」って聞かされていました。アメリカ相手でも堂々と演説する。男勝りで怖い人。本当は優しい人だけど、周りからはそんなふうに思われていました」

雪子は亡き義母の思い出を、愉快そうに語った。

友憲は集落が潰された日のことをよく覚えていた。

「米軍は小銃に銃剣まで取り付けて、本当に怖かった。畑に投げられたお年寄りもいたし、新聞記者はカメラを取り上げられ、フィルムを抜かれていた。ひどいものでした」

雪子が口添えする。

「私も悔しさはわかる。うちはコザ市（現・沖縄市）だったけど、道路を広げるため、米軍に家を壊されてしまった。お父さんがハワイで貯めたおカネで建てた瓦葺の家でした。当時の私は十三歳、お父さんは悔しそうに見ていてね、そのショックからか、それから二か月して亡くなってしまいました」

それでもブラジルに渡ることに、両人とも悲壮な思いはなかったという。

ブラジル在住の田里友憲・雪子夫妻（2018年1月，山縣陸人氏撮影）

「とにかくアメリカの下から出ていくことが希望だった」と友憲は言い、雪子もまた「兄や弟がハワイにいて、外国には憧れていた」と振り返る。

田里家も初期はコーヒーを栽培した。だが転機は、サンパウロ市に出て、露天商という職を選んだことだった。この商売で資金を貯め、地方に広大な牧場を買ったほか、サンパウロ市周辺にスーパーを二軒営んでいる。父・友一はブラジルの暮らしが水に合わず、ひとり沖縄に引き揚げてしまったため、母ナへと友憲、そして五人の弟妹が力を合わせ、豊かな生活を築くことができた。

軍用地料は沖縄に戻った父親が管理して送金は滅多になく、事業拡大はブラジルでの収益でもっぱら賄ったという。

「最初のうちは本当に苦しかったけど、結局、大事なのは家族のチームワークだと思いますね」

そう言って友憲は、移住八年目に引き揚げた澤岻安良の一家に言及した。親子三人の小世帯で移住した彼らは、安良の妻がブラジルに適応できず、寝込みがちになり、行き詰まってしまったという。

「それでも帰国後は奥さんも元気になったから、あの家族は帰国してよかったのだと思います」

伊佐浜土地闘争に関連した質問に「いつまでも過去を思っても仕方ない。未来を考えていかんとね」と一旦は答えた友憲だが、こんな言葉も付け加えた。

「子や孫に伝えようとしても、なかなか興味を示さない。映画とか本にするとか、伝え方を工夫しないと難しい気がします。伊佐浜で起きたこと、いま思えばあれもひとつの戦争です。やっぱり戦争は二度とないほうがいい」

目の前の一日一日を生きていく切実さ。一方で、心の奥底に潜み続け、決して消え去らない記憶。私は移民たちの複雑な心情を友憲の言葉からも感じた。

伊佐浜集落に米軍から最後通告が届いた日。部外者を締め出した住民総会で、ひとりの長老が立ち上がって発言した。

「この上は最後まで土地取り上げに反対して闘い抜き、せめて、歴史の上に伊佐浜の名を残そうではないか」

ブラジルにいる老移民たちは、若き日のあの光景を覚えているだろうか。

山縣から送られてきた録音を聞きながら、私はふと、資料で読んだ印象深い光景を思い起こしていた。

第8話 君たちはヤマトを知らない

——ハワイから見た「本土復帰」

大田昌秀元沖縄県知事の県民葬．祭壇の左右には「平和の礎」を模したオブジェが配された（2017年7月26日，沖縄県宜野湾市，Ⓒ共同）

飛翔する白い鳩と紅白の「沖縄県章」を表現した祭壇に、柔和な表情の遺影が飾られている。左右のモニュメントは、沖縄戦で他界したすべての戦没者を慰霊するために、故人が主導して建立した「平和の礎《いしじ》」をモチーフにしたものだ。

二〇一七年七月二十六日、宜野湾市で営まれた元県知事・大田昌秀の県民葬。参列者は、翁長雄志知事や安倍晋三首相など約三千人にのぼった。

鉄血勤皇隊の少年兵として沖縄戦を戦い、社会学や沖縄現代史を学ぶ研究者の立場から革新系知事となった大田は一九九〇年代後半、米兵による少女集団暴行事件で燃え上がった県民世論を背に、日米両政府を基地削減の合意へと動かした。しかしその眼目・米海兵隊普天間基地の返還は、日米間でいつの間にか辺野古新基地の建設にすり替えられ、以来、国と県の対立が今日まで続いている。

葬儀委員長として式辞を述べた翁長は、「沖縄の基地負担の軽減が国政の場で取り上げられるようになったのは、間違いなく、大田さんの決断によるものです。当時、（自民党県議として）真摯に議論をさせていただいたことは、県知事となったいま、大変大きな財産になっています」と、保革の立場を越え、同じ志を持つ先人として大田の功績を称えた。

三日後の二十九日、『琉球新報』に気になる記事が載った。毎土曜日、同紙三面に掲載されている「佐藤優のウチナー評論」というコラムだ。

沖縄出身の母を持つ評論家の佐藤は、自らを「沖縄系日本人」と位置づけ、ルーツへの強い思いを発信し続けている。この日は大田の県民葬を受け、生前のこんな逸話を紹介した。

過去三年くらい、大田氏がいつも筆者に述べていたのは「日本に復帰したことが本当に沖縄にとって良いことだったのか。僕たちは間違った選択をしてしまったのではないか。復帰によって沖縄は米国と日本の二重の植民地になってしまったのではないか。僕たちは沖縄独立論者の主張をあまりにも軽く扱ってしまったのではないか。ハワイに住む沖縄人同胞の方が、日本の本質をよく分かっていたのではないだろうか」という話だった。

私は晩年の大田にそんな煩悶があったことを知らなかった。何より気になったのは「ハワイに住む沖縄人同胞の方が、〔郷土沖縄の県民より〕日本の本質をよく分かっていたのではないだろうか」というくだりだ。この第８話では、大田が言い遺したという言葉を糸口に、ハワイの沖縄人のなかでもとくに強烈な個性で知られた〝ふたりの異端児〟について取り上げたい。

ハワイ移民から見た沖縄の帰属問題

沖縄は本土に復帰すべきか否か。この「帰属問題」について、ハワイの沖縄人がどう考えたか、そのことは公にはあまり語られてこなかった。そこには、ハワイの沖縄人たちの微妙な立ち位置も絡んでいた。

詳細は後述するとして、基本的な枠組みだけ説明するならば、ハワイに住む沖縄出身移民の多数派は本土復帰に消極的だった。その根底には、彼ら自身が明治以来、ハワイの地で本土出身移民からの差別に苦しんできた実体験があった。

また米軍が極東の軍事拠点として沖縄の統治継続を望むなかで、本土復帰に賛同することは、アメリカへの批判と見なされる危険性があった。一方で戦後の日系人たちは本土系・沖縄系を問わず、一世の帰化権獲得運動など、アメリカ社会での地位向上・差別解消に団結して取り組んでいた。「復帰反対」を声高に主張した場合、それはそれで本土出身者との間に無用の摩擦を生むリスクをはらんでいた。

つまりハワイにいる沖縄人の多数派は、片や米政府や米国社会、片や本土出身移民との間で、一種の板挟みの立場にあり、内心では復帰に反対でも、公にはそれをあまり語れない状況にあったのだ。

第5話の「太平洋を二往復した三線」で取り上げた帰米二世の元米兵・比嘉太郎が編著者としてまとめた『移民は生きる』という本に、比嘉《ひが》正範《まさのり》という人物の「ハワイのオキナワ」という文章がある。このなかに、当時のハワイの沖縄人多数派の考えが紹介されている。

在米経験が長い英語学研究者で、日本帰国後は筑波大学や龍谷大学の教授を歴任した。「ハワイのオキナワ」はもともと、大田昌秀が作家・大江健三郎らと一九七二年ごろ、ごく短期間発行した『沖縄経験』という雑誌に収められた一文で、比嘉は当時、ハワイ大学東西センターの研究者だった。

文章は七二年五月十四日(日本時間十五日)、ハワイのホテルに沖縄系、本土系の在留者を集めて催された「沖縄祖国復帰記念祝賀会」を描写する記述から始まっている。

ハワイ在住の沖縄系の多くの人々は、沖縄の日本復帰に対して反対であった。彼らは、沖縄における激しい復帰運動の動機を理解しかねた。彼らは、なぜ理解できないのか、なぜ復帰に反対だったのかと聞いたら、待っていましたとばかりに彼らの立場を説明してくれた。この説明というのが

彼らの移民史であり、彼らがハワイで集団的にヤマトから来た移民と接触した経験談である。（略）

ウチナンチュがどんなに涙を流してナイチを同胞としたっても、彼らはウチナンチュを同胞として受入れてくれない。そんな屈辱的な思いをしてまで日本国の一部になる必要はない。むしろ、独立をするか、あるいはアメリカの一部になった方が経済的にも精神的健康のためにもいい。

筆者の問いかけに、移民たちは「沖縄のウチナンチュは、ナイチなるものを全くわかっていない」と口々に答えたという。

彼らとて、アメリカという国を全肯定していたわけではない。アメリカ人からの差別も経験した。だがそれは、沖縄人も本土の日本人も区別しない東洋人全体への「平等な差別」だった。能力と努力次第で成功する機会も、アメリカでは平等に与えられた。

移民たちの脳裏にある「日本」は、戦前の姿のままだった。民主化した日本はなかなか思い描けない。米軍の沖縄統治がそれほど横暴だということも、信じられずにいた。

戦後四半世紀以上、帰属が宙に浮くことになった沖縄の「身分の曖昧な状態」は、どのように解消されるべきなのか。ハワイと沖縄では、人々の体験や知識の違いから異なる願望が膨らんだ。沖縄に住む人々の大半は日本への復帰を、ハワイ移民の多くは独立やアメリカの属領化を、望んだのである。

ところが、いざ本土復帰が近づくと、沖縄では急速に失望感が広がった。「基地の島」という問題の本質に何ら解決が見られない。そんな現実が知れ渡ったためだ。少数意見ではあったが、沖縄にも復帰に異を唱え、独立を主張する声が現れた。

ハワイの人々は、そんな光景を冷ややかに見つめていた。日米両政府が合意した以上、静かに復帰を受け入れる。それが現地の姿勢だった。

時期おくれの独立論や、復帰が実現した当日の沖縄の人のふるまいは、ハワイのウチナンチュにとって、何を今さら、という気持をおこさせたようである。

復帰の方針が固まると、ハワイの沖縄人たちは「過去を水に流し」、本土系移民との融和を目指すようになった。比嘉正範はそう記している。ハワイでの祝賀会には、東京や沖縄の式典とは異なる趣旨、ハワイ内部でのヤマト系移民との〝和解のセレモニー〟という側面があった、というのである。

しかし「ハワイに住む沖縄人同胞の方が、日本の本質をよく分かっていた」という大田の認識は、決してこの文のような第三者の解説を読んだだけで形づくられたものではない。

「おそらく大田さんの念頭には、賀《か》数箸次《かずはしじ》さんのことがあったのだと思います。晩年よく、彼のことを話していましたから」

身近に大田を知るふたりの人物が、同じ人名を挙げた。

そのひとりは沖縄ハワイ協会の会長を務める高山朝光だ。琉球大学で大田のもとで学び、六二年から二年間、ハワイに留学した。ＮＨＫ職員を経て、大田知事時代には知事公室長を務めている。

もうひとりは、桑高英彦。大田の研究者時代から約四十年間にわたって秘書を務めた元編集者である。大田は七三年から七四年にかけ、ハワイ大学東西センターに在籍した。賀数という老移民と出会ったのは、この時期のことだった。桑高はこう説明する。

「大田さんが研究するテーマは沖縄戦や米軍のことが中心で、ハワイにいた時期も移民問題を深く調べたわけではありません。ただ、賀数さんについては、かなり強い印象を受けていたようで、いくつもの本で取り上げています」

「親米的琉球人」

晩年まで大田の念頭に残像を刻み付けた老移民。その人物像に触れる前に、ハワイ移民から見た沖縄の帰属問題というテーマを掘り下げた津田塾大学国際関係学科助教・山下靖子の研究から、コミュニティの全体状況をもう少し見ておきたい。ハワイの代表的沖縄人として取り上げるには、賀数箸次はあまりにも風変わりな異端児だったからだ。

山下の研究は二〇〇〇年代の「ハワイの「沖縄系移民」と沖縄返還」「ハワイの「沖縄系移民」と沖縄帰属問題（１９４５－１９５２）」などの論文にまとめられている。

現地発行の英語の一般紙や邦字新聞の記事、一九九〇年代後半から実施した古老の聞き取り調査などを総合して、山下は「当時の沖縄系移民の「多くの人々」が沖縄返還に批判的であったということが浮かび上がり、関心を持っているにもかかわらず新聞等での意見表明は少ないことが分かる」（「ハワイの「沖縄系移民」と沖縄返還」）とまとめている。「意見表明の少なさ」の背景には、前述したように帰化権などの課題に「他府県人〔と〕ともに問題に立ち向かわなくてはならなかった」事情があるという。

この問題が当時、いかにデリケートなものだったか。山下論文には「復帰を支持することは我々を育ててくれたアメリカを裏切る。復帰に反対することは日系人社会との友好を無くすことになる。「サワラヌ」主義が一番だった」という現地古老の声が紹介されている。「誰かが聞いていて密告したら連れていかれる。自分の考えは考えに留めておくに越したことがない」と振り返る老移民の談話もある。

後者はまだ本土復帰運動が本格化する前の時代、共和党ジュセフ・マッカーシー上院議員らの「赤狩り旋風」が吹き荒れた五〇年代の話だ。

そもそも復帰運動には米軍統治への抵抗という意味合いがあり、かつてのアメリカ社会では、共産主義と結びつけられる危険性があった。老移民のコメントはそんな緊張感を振り返るものだった。

もう少しあとの時代の記述だが、似たようなアメリカの雰囲気が感じられる別の資料もある。六〇年、第一回の公費留学生としてハワイに行った学生の回顧である。

私たち留学生一行十四名は〔ハワイの〕新聞社のインタビューを受けた。「皆さんはアメリカの統治下がいいですか、それとも日本へ復帰したほうがいいですか」と聞かれた留学生一同が、迷うことなく「復帰を希望している」と答えると、周囲は驚いた様子だった。そして、なん日か後にホノルルの有力紙に〝沖縄から来た留学生はnuts（ばか）だ〟と非難されたのである。あるハワイの日系州議員がこれを聞き、「そういう考え方はばかげたことであり、自分が沖縄へ行って沖縄住民に復帰論は間違っていることを説得する」と言って、空路、沖縄へ飛んだ。しかし、沖縄では散々に反論されたらしく、ハワイへ戻ってきた議員が感想を聞かれたときに、「ノー・コメントだ」という結末になったことを、私は今でもよく覚えている。

（安井祐一「古里沖縄を愛した人・湧川清栄」『アメリカと日本の架け橋・湧川清栄』所収）

山下の研究には、違った観点の興味深い記述もある。

沖縄の六〇年琉球立法院議員選挙を前に、沖縄を統治する米国民政府が秘密裏に発案・実施した「レター・キャンペーン計画」という工作についてである。

五〇年代後半、沖縄人民党の瀬長亀次郎、民主主義擁護連絡協議会の兼次佐一《かねしさいち》と那覇市長選で左派が相次いで当選した危機感から生まれた対策で、沖縄系ハワイ移民の協力者らに故郷の親類へ手紙を書いてもらい、人民党の危うさや〝責任ある政党〟への投票を呼びかけるキャンペーンだった。

もちろん、米当局の介在は極秘とされ、依頼対象のリストから復帰論者は除外されたという。実際の効果は不明だが、この立法院議員選挙は沖縄自民党の圧勝に終わっている。

ハワイ多数派が抱いていた復帰反対論はもちろん故郷への純粋な思いに根差すものだったろう。だが人々の思いは一面では米軍に利用され、またハワイ沖縄人の側にも軍との協力関係を利益と考える側面があったとは言えまいか。

米国民政府と米陸軍が主導した人的交流を、同様の視点から取り上げた研究も存在する（岡野宣勝「戦後ハワイにおける「沖縄問題」の展開――米国の沖縄統治政策と沖縄移民の関係について」）。

「琉布ブラザーフッド・プログラム」という事業で、五九年から七二年までの十三年間に沖縄からハワイへ一千人以上、ハワイから沖縄に三百人弱を派遣・滞在させている。事業費は基本的に米陸軍が負担したが、ハワイに滞在する沖縄人交流者のサポートは、ハワイ沖縄人連合会を中心とする地元沖縄人の無償ボランティアに依存した。

プログラムの狙いは「「親米的琉球人」の育成と、「米国人」と「琉球人」両方の属性をもつ「琉球系米国人」であるオキナワ人を米琉間の「橋渡し」役とし、彼らを介して沖縄住民をコントロールすること」にあったという。

このほか米軍統治時代の慣例として、米国民政府を司る最高責任者・高等弁務官が交替するたびに、新任弁務官はハワイに立ち寄って沖縄人社会の幹部らと懇談したことが知られている。

山下論文には、ハワイの英字新聞『ホノルル・アドバタイザー』で六〇年、帰属問題にまつわる現地沖縄人同士の論争が紙面化されたことも紹介されている。きっかけは、トーマス・屋宜《やぎ》というILWU(国際港湾倉庫労働組合)マウイ郡支部長のアジア諸国歴訪。屋宜は帰国後に「沖縄人は貧困にうち〔ひ〕しがれ、アメリカの占領に苦しめられている。多くの者が日本への復帰を望んでいる」と告発する沖縄視察報告を同紙に寄稿した。編集部はすぐさま、沖縄系名士による反論を特集した。

「地元の沖縄出身者は屋宜の声明は偽りだという」

そんなタイトルのもと、元沖縄人連合会長や沖縄系弁護士らが「沖縄のデモクラシーは弾圧されているというコメントは理解できない」などと騒動を〝火消し〟する談話を寄せている。

このように、現地沖縄人による帰属問題への言及は、郷土愛に基づく純粋な助言ばかりでなく、時に政治的な思惑も入り交じる複雑なものだったと解すべきだろう。

大田昌秀ほどの人であれば、当然、そういった背景は理解したはずだし、帰属問題に絡めて米軍統治、米軍基地を正当化する議論には慎重に接したに違いない。しかし、賀数箸次という人物の言動には、そのような政治性は微塵も感じられなかった。だからこそ大田は、終生その存在を忘れなかったのだ。

「コナの奇人」賀数箸次

大田は他界する一年前、二〇一六年に刊行した佐藤優との対談本『沖縄は未来をどう生きるか』のなかで、賀数との出会いをこう語っている(引用部の対談は二〇〇九年)。

私はハワイのコナの沖縄県人会から招かれました。その歓迎会の宴席で、当時八六歳の糸満市高嶺出身の賀数箸次という老人が発言を求め、「君たちは大学の教官の職にありながら、沖縄の未来について考えることもせず、目先の利益に目がくらんで、どうして日本復帰などに賛成したのか」と詰問されました。（略）

〔賀数は〕コナのコーヒー園で働く傍ら、戦前から戦後にかけて、ハワイ島の『ヒロタイムス』という日本語新聞に投書するなどして、ずっと反戦運動をやってきたとのことです。その間、太平洋戦争勃発の危機が迫ると、絶対に戦争をしないでほしい、とスターリンやルーズベルト、チャーチルなど世界の主要国首脳に手紙を書いて訴えたりして、その何名かから返事をもらったというつわものです。小学校三年までしか出ていないと自ら話していましたが、戦争を憎む気持以外、特に思想的信条の持主ではない、と言いながら、その発言は辛辣そのものでした。

「コナの奇人」を自称した賀数箸次（比嘉太郎『移民は生きる』より）

賀数の主張を復帰への賛否で分けるなら反対論である。だが沖縄人連合会の幹部たちのような有力者のスタンスとは、毛色がかなり違っていた。何よりも賀数は、コミュニティで奇人・変人扱いされる人だった。

　沖縄ハワイ協会長の高山朝光は、賀数との面識はなかったが、ある連合会幹部が彼について「大統領の手紙を受け取ったというから、どんな男かと訪ねてみたのだが、ずいぶんみすぼらしい家に住んでいたよ」と、蔑《さげす》むように語っていたことを鮮明に覚えている。

満州事変の勃発直後から、日本軍の中国侵略反対を唱えたというから、多くの沖縄移民が「自分たちも日本人である」「立派な日本人と認められたい」と願っていた戦前には、そうした同胞にも白眼視されたに違いない。そもそも十六歳のとき、徴兵逃れのため移住したことを賀数は明かしていた。その弁舌にも独特のクセがある。県人会の宴席で難詰されたときの言葉を、大田はこう記している。

人間が人間であるためには、自分の帰属先は、あくまで自分で決めるべきだ。それにもかかわらず沖縄では、日米両政府が人々の頭越しに勝手に決めるのを黙って見ているのではないか。牛馬のような動物だったら、その所有主について誰が勝手に決めてもしようがないかもしれない。だが、人間は牛馬とは違う。（略）沖縄人がそのような事態にいかなる抵抗もせずに、平気で黙認するなら、情けないかぎりだ。ハワイには、命を賭けてもそのような在り様を阻止する者が一人はいることを知ってほしい。

八十六歳の老移民は、こんな調子で大田を責め立てたのだ。

賀数に関しては、ノンフィクション作家・下嶋哲朗も著書『豚と沖縄独立』に記している。九〇年代初頭、下嶋がハワイに通い始めた時点では、すでに他界していたが、生前の強烈な印象をさまざまなハワイ在住者から聞かされたという。

下嶋は、当時七十代になっていたその娘と連絡を取り、コナに飛んだ。緑豊かな高台に細い道を登ってゆく風景は、たとえば本部半島のような沖縄の田舎を思わせるものだった。

日系人の夫と静かに暮らしていた娘は、「確かに変わり者だった」と、亡き父親の思い出を語った。

このとき娘に提供されたのか、違う人にもらったかは忘れてしまったが、下嶋は賀数箸次が沖縄で配った「手書きの名刺」を手に入れている。

〈ハワイ・コナの百姓、賀数箸次。日本復帰希望の者は日本に行きなさい。全沖縄を引きずって行ってはなりません。〉

そんなメッセージを書き込んだ名刺だった。

賀数は復帰運動が本格化した一九六〇年、沖縄で各市町村長を訪ね歩き、復帰反対を説いて回ったという。

大田の秘書だった桑高が記憶するように、大田はいくつかの著作で賀数を取り上げている。だがその描き方は、復帰問題にまつわる話より、沖縄戦で米軍が散布した投降ビラの作成者だったことに重点が置かれていた。

自他ともに「コナの奇人」と認めている賀数箸次氏は、（略）破天荒のことをやっています。第二次世界大戦の末期、いよいよ日本本土へ侵攻すべくまず沖縄へ上陸した米軍は「愛する我が沖縄島民よ悦びなさい」という見出しのビラを何百万枚も空からまきました（略）この筆者こそ、賀数箸次氏であったのです。

（『沖縄人とは何か』）

徹底した平和主義者だった賀数は、米軍部に自ら頼み込み、ビラの文章を書かせてもらったという。

ちなみに『沖縄戦下の米日心理作戦』という別の著作にも、このエピソードは紹介され、この本には複数のビラの写真が掲載されている。

「シマ　ノ　ヒトビト　へ」と題されたビラにはこんな呼びかけが続いている。

キョウリョク　ナ　グンカン　ト　タクサン　ノ　ヒコウキ　ニ　マモラレテ　アメリカ　ノ　グンタイ　ハ　コノシマ　ニ　ジョウリク　シマシタ。シカシ　アメリカ　ノ　ヘイタイ　ハ　シマノヒトビト　ヲ　キヅツケニ　キタノデ　ハ　アリマセン……。

大田はどちらの著作でも、賀数が「売国奴」呼ばわりされながら、反戦の新聞投稿を続けてきたことに触れ、一連の記述の最後にその「反復帰論」についても記している。

情報量の多さから判断して、大田は県人会歓迎会での出会いのあと、改めて賀数と会い、インタビューをしている。大田はさまざまに個性的なこの老人の生涯全体に興味を持ったようだったが、沖縄戦研究者としては何よりも、投降ビラの逸話に引き込まれたことがわかる。

著書『沖縄は未来をどう生きるか』では、賀数の難詰に感じたことをこう明かしている。

賀数の話を聞きながら、私はふと、彼はアメリカの民主主義を買いかぶっているのではないか。つまり、ハワイや米本国のアメリカ人と、沖縄を占領しているアメリカ人とを同一視しているのではないのか。言い換えると彼は、本国の米軍人とは違って、在沖米軍がいかに非民主的であるかを知らないからあんなことを言うのではないか、と思ったりしました。

ほぼ同じような流れで賀数を描いている『沖縄人とは何か』と『沖縄戦下の米日心理作戦』を比べると、賀数の復帰反対論を「ユニークな主張」と紹介しているのは一緒だが、丁寧に読むと、その評価には微妙な差があることがわかる。

賀数氏の主張の中には、沖縄人のアイデンティティを保持するとともに、国籍をこえて人間としてのアイデンティティの追究に固執する発想が色濃くにじみでています。というより、両者がごく自然に渾然一体をなしているとさえいえます。

（『沖縄人とは何か』）

〔賀数は〕「無学者」を自称するが、かれの慧眼には今更のように驚嘆するしかない。

（『沖縄戦下の米日心理作戦』）

前者は一九八〇年、後者は二〇〇四年の刊行だ。当初は中立的に扱っていた賀数の帰属論に、「慧眼」とまで賛辞を贈るようになったのは、後年のことなのである。

ハワイの左翼系知識人、湧川清栄

さてここで、もうひとりの沖縄系ハワイ移民・湧川清栄《わくかわせいえい》について取り上げたい。大田昌秀と交流を持つ人物だったことは間違いない。ただ、賀数箸次ほど強いインパクトを残した形跡はなく、ふたりに特別な友情があったわけでもない。

それでもハワイ沖縄人社会で指折りの知性の持ち主として、その存在は少なからず大田を刺激したに違いない。私はそう想像する。

大田はハワイから帰国したあとの一九七九年、『季刊沖縄』という、やはり短命に終わる雑誌を刊行した。創刊号は「ハワイ特集号」。十人の特集寄稿者のひとりが湧川で、その論文は「ハワイ沖縄県人の思想活動抄史」というものだった。

湧川の優秀さは、たとえばGHQによる戦後日本の農地改革が、若き日の彼の論文を下敷きに行われた、という逸話からも理解されるだろう。それほどの人物にもかかわらず、ハワイにまつわる大田の著作や述懐に、湧川の名前はほとんど見当たらない。

賀数箸次と比較した場合、大田から見た最大の違いは自らとの同質性にあるのではないか。湧川は左派リベラルの知識人で、帰属問題では中立。若き日に沖縄学の始祖・伊波普猷《いはふゆう》の薫陶を受けた影響もあり、沖縄人と日本人の人種的差異を強調し、分断を図る米軍の沖縄統治方法には強く反発した。大田にとって何もかもが異質な「コナの奇人」賀数箸次には、湧川とはまるで違うインパクトがあったが、かと言ってその主張を雑誌のハワイ特集に組み込みはしなかった。その場所には湧川の論稿のほうがふさわしい。少なくとも七九年の大田の価値観ではそうだった。

ハワイ沖縄人社会において異端の存在と見なされた点では、大インテリの湧川も同じだ。彼もまた、孤立を恐れない強烈な個性の持ち主であった。

帰属問題をめぐるスタンスでは、多数派の復帰反対論者でも、少数派の賛成論者でもなく、「どちらとも違う第三の立場の人でした」と、留学時代から当人を知る高山朝光は説明する。

「ハワイには戦前からの革新の流れを汲む知識人たちがいて、湧川さんもそのひとり。アメリカか日本か、ということではなく、理不尽な力による支配そのものを拒絶する人でした」

九一年の他界後に沖縄で編まれた追悼文集『アメリカと日本の架け橋・湧川清栄――ハワイに生きた異色のウチナーンチュ』や山下靖子の「ハワイの「沖縄系移民」と戦後沖縄問題――湧川清栄の記録から」によれば、湧川の出身地は、沖縄からの移民草創期を支えた功労者のひとり、平良新助と同じ今帰《なき》仁《じん》村《そん》だ。一九二〇年、十二歳のとき家族の呼び寄せでハワイへと渡った。

早くから社会科学や経済学に関心を持ち、ハワイ大学では政治学や歴史学を学んだ。大学院に進み、東京帝国大学法学部にも一年間留学した。日本からの帰国後に執筆した論文「日本の社会運動」について左翼思想の内容だと問題視され、研究生活を断念、邦字紙記者などとして働くようになった。

ハワイの新聞人・湧川清栄（アメリカと日本の架け橋・湧川清栄』より）

ちなみに戦前のハワイでは二〇年代に労働運動が盛んになり、沖縄系移民も多くが労働争議に加わっている。高山の言う「革新の流れを汲む知識人」ということでは、大田が発刊した『季刊沖縄』にキリスト教社会主義者の牧師・比嘉静観の寄稿がある。この雑誌で湧川は戦前の沖縄人社会での社会主義運動や保革対立について書いている。

追悼文集に記された戦中戦後の足取りは波瀾万丈だ。

日米開戦後、一旦はニューメキシコ州の強制収容所に送られたものの、驚くべきことにルーズベルト大統領に抗議の書簡を出し、三か月で自由を取り戻した。その後、米政府に能力を認められ、対日戦勝後、日本での戦後統治に必要となる行政官の養成所、ハーバード大学の海外行政学校で日本語を教えたり、日本に関する調査研究をしたりするようになった。農地改革につながる論文「日本の小作制度」は、この時期に執筆した。

終戦後、ハワイで豚支援など沖縄向け戦災救済運動が沸き起こった時期には、知識人の仲間と沖縄救済更生会という団体を立ち上げ、沖縄での大学設立を模索した。最終的にこのプランは米国軍政府に〝横取り〟され、湧川らが目指した「沖縄人の手による独自的、自主的大学」の設立は頓挫してしまう。代わって米軍が造ったのが、琉球大学であった。

高山によれば、日本で湧川の名が知られるようになったのは、沖縄の本土復帰以後。農地改革への関与が全国紙で報じられてからだという。救援運動を離れた湧川は、邦字紙『ハワイ・タイムス』の編集長として活躍したが、沖縄人社会の主流派には、優秀だが偏屈な人物と見られたようだった。

その理由は、左翼知識人というイメージの問題であり、その舌鋒の鋭さを疎まれたためだった。山下靖子の論文によれば、六〇年の琉球立法院議員選挙に米国民政府が介入した「レター・キャンペーン計画」にまつわる公文書で、当局がキャンペーン協力者から除外すべき「要注意人物」としてリストアップしたなかにも、湧川の名が含まれていたという。

そんな湧川が一方では、「沖縄人」のアイデンティティーにこだわりを持っていたことも間違いない。湧川の追悼文集には、本人による講演録も採録され、冒頭に「ハワイ沖縄県人のアイデンティティ」というハワイでの記録がある。

奇しくもこの講演で、彼は大田昌秀の名に言及した。

なぜ、私が今になって「沖縄人のアイデンティティ」というものを取り上げるかといいますと、戦後、沖縄でも沖縄人のアイデンティティという問題が非常に大きく取り上げられて、数年前、ハワイ大学にみえた琉大の大田昌秀教授なんかも、沖縄人のアイデンティティということを非常に重く取り扱っている問題のひとつなんです。

そのうえで湧川は言語学の研究などを踏まえ「沖縄語は日本語のひとつの方言にすぎない」と強調し、米軍統治時代の〝分離キャンペーン〟を批判した。

なぜ、戦後ハワイで、沖縄人は日本人じゃないというような問題が持ち上がったかと申しますと、戦後、アメリカ軍部がとっておったはっきりした政策があったわけです。（略）出来るだけ沖縄と日本を引き離そう、沖縄を引き離していつまでもアメリカの支配下に置いておこうというのが、アメリカ軍部の政策だったわけなんです。

湧川の考えは、シンプルな復帰肯定論でもなかった。

別の講演では、沖縄の独立論に触れ、「本土と沖縄の縁というものは、切っても切れない縁」「考えるのも愚かなこと」と批判する一方、「基地の島」という現状に「県民が再び島ぐるみに起っ《ママ》てアメリカ軍事基地、日本の軍備施設の徹底排除の火の手を挙げねばならない」と煽り立ててもいる。

複数の講演録に目を通すと、彼が敬遠された理由も見えてくる。たとえばその晩年、琉球大学を訪れた際の講演では、かつての援助構想の遺恨もあったのだろう、「この大学はあくまで、封建主義、天皇制崇拝、軍国主義の温床である文部省によってあやつられている、いわば御用大学であります」と述べ、「植民地大学には転落しないでください」などと、関係者を凍りつかせる悪態をついている。

九〇年、ハワイで開かれた沖縄県ハワイ移民九十周年の講演でも、「この記念式典を後援している組織の指導者たちの中に、沖縄県民は日本国に欠くべからざるものという事実を否定する、頑固な少数派がいる」と、かつての復帰反対派を糾弾する台詞を吐いている。

それでも、沖縄人自身による大学設立という終戦直後の夢は、その死後に名護市に開学した名桜大学設立への協力、という形で歳月を経て結実した。現在では、琉球大学、名桜大学それぞれの図書館に、その膨大な寄贈図書による「湧川文庫」が設けられている。

このように大田昌秀が晩年にその「慧眼」を再評価した賀数箸次の物語に、少々強引に湧川清栄の存在を挟み込んだのは、湧川、賀数それぞれの思想が、知事時代までの大田とそれ以降を代弁するように思われるためだ。

沖縄独立論への複眼的視点

高山朝光によれば、晩年の大田は確かに独立論への関心を語るようになったという。

「そのきっかけのひとつは、大山朝常《おおやまちょうじょう》さんが亡くなる前、出した本のように思うのです」

大山は米軍統治時代、沖縄社会大衆党（社大党）の立法院議員からコザ市（現・沖縄市）の市長となった人物で、復帰運動を牽引したリーダーのひとりだった。それが九七年、九十五歳の年齢になって『沖縄独立宣言――ヤマトは帰るべき「祖国」ではなかった』という本を出したのだ。

米兵による少女暴行事件のあと、普天間基地の返還が打ち出されたものの、それ以降「本土の無理解」に沖縄が苦しんでゆく入り口の時期である。高山は「知事時代、そして参議院議員時代の体験を通じ、大田さんも本土復帰が果たして正しかったのか、迷い始めた気がします」と話している。

俯瞰して見れば、大山や大田の心境の変化は、「基地はどこにもいらない」と国外撤去をのみ求めていた旧来の反基地運動から、本土による構造的差別を感じ、沖縄の自己決定権を求め、一部県民が独立論を唱えるようになってゆく沖縄世論の潮流の変化とも重なり合う。

それがまさに、左派復帰論者的な湧川に論文執筆を依頼したころの大田と、独特な復帰反対論者・賀数を思い起こす晩年の大田との違いに対応するように映るのだ。

いや、湧川にしたところで、もし「その後の沖縄と日本政府」を見届ける長寿を得ていたら、そのスタンスに迷いが生まれたかもしれない。

佐藤優との対談本『沖縄は未来をどう生きるか』のなかで、大田は初対面の賀数箸次から突きつけられた言葉を、はるか後年にようやく認めたことを明かしている。

賀数の予言によれば、日本復帰後の沖縄の未来は、日米両軍隊の共同管理下に置かれたも同然の、軍事的植民地という最悪の事態に陥るに違いない、とのことでした。それを聞いて、私はとても憂鬱になり、すっかり参ってしまいました。（略）

ハワイから帰った後、私はずっと、賀数の言葉を反芻せずにはおれませんでした。遺憾ながら、復帰後三〇年余の沖縄の現状は、まさしく賀数が予言したとおりになりつつあるのではないか、と懸念しています。（略）今さらのように苦い思いで、賀数の苦言を思い出しているのです。

沖縄の人々が今日、ハワイの同胞に学ぼうにも、帰属問題が彼《か》の地で語られた時代は遠い記憶になり、約二十年前に高齢者の聞き取りをした山下靖子にしても「あのころが現地で一世の肉声を聞く最後のチャンスでした」と振り返っている。

それでも学ぼうとする努力には価値がある。数少ない記録を手繰り寄せ、手間暇をかけてでも、あの時期のハワイ移民の思いを深く知ることは、沖縄問題を考える手掛かりになるように思えるのだ。

『「沖縄独立」の系譜――琉球国を夢見た6人』という本で、戦前から本土復帰直前にかけ、沖縄の独立を唱えた人物を描いた元沖縄タイムス記者・比嘉康文は、この本で取り上げた人の多くが、アメリカやパラオ、台湾といった国・地域にいた海外生活の体験者だった、と語っている。

沖縄と本土という国内だけの議論では煮詰まってしまいがちな思考が、移民ならではの複眼的な視点を参考にすることで、思わぬ広がりを見せる可能性がある。

戦前から世界各国に同胞の根を広げ、その絆をどの県より維持している沖縄では、多様な価値観が流入し得る網の目の回路がとりわけ重要な意味を持つ。大田昌秀が遺した言葉には、そんな教訓があるように思えるのだ。

第9話

アメリカの「基地の町」で

――〝花嫁〟たちが支える県人会

末子・ディール(右)の家で談笑する多美子・バーカー(中)とつる子・ワイルド(左)(2018年4月14日，筆者撮影)

三百六十度、視界に占める空の割合が、とてつもなく広く感じられる。ゆったりとした町並みを形づくるのは、ほとんどが平屋建ての住宅や商店、各種施設。地形に起伏はなく、はるか遠方まで山影は見当たらない。

ここは、アメリカ東部ノースカロライナ州にある大西洋岸の町・ジャクソンビル。全米で二番目に広大な海兵隊施設キャンプ・レジューンの〝基地門前町〟である。前世紀の前半まで人家は数えるほど。綿花やタバコのプランテーションが広がる土地だった。それが急速な基地の整備を経て、現役海兵隊員や退役軍人とその家族、民間の軍関係者などが住民の大部分を占める人口約七万の町に成長した。

日本でイメージする〝基地の町〟と雰囲気はかなり違う。ただただ広大な車社会の町。兵士向けの歓楽街はおろか、住民の雑踏もなく、軍装の人影が目立つことはない。軍用車両もほとんど見かけない。海沿いの基地は市街地とは切り離されている。

メインゲートを抜け基地の敷地内に入っても、しばらくは森林公園のような居住区が広がっているだけだ。階級別にグレードの異なる住宅地がいくつかあり、超大型スーパーのようなPX（購買部）や託児施設、ゴルフ場、墓地などが何百メートルもの距離を空け、ぽつりぽつりとある。本格的な軍事施設があるエリアは、さらに何キロも先にある。

騒然とした沖縄の〝基地の町〟と比較して、とくに異なるのは、市街地を覆う空の静けさだ。数日間の現地滞在中、遠方に単独飛行するヘリを一機だけ見かけたが、あとは野鳥のさえずりが常に響いていた。演習などで町上空を軍用機が飛ぶ際には、必ず前もって住民に通知があるという。

「あたしが最初にジャクソンビルに来たときには、この辺にはガソリンスタンドと兵隊向けの質屋しかなくて、本当に寂しい町でした」

七十九歳の年齢で日々、ハンドルを握るつる子・ワイルドは、市内を案内する道すがら、一九六〇年代からの町の変貌を説明してくれた。

後部座席にいる友人の末子・ディールもこう語った。

「私はね、こんなクソ田舎に住み着く気はなかったから、夫の兵役が終わったら、すぐ出て行くつもりだった」

彼女は一九八〇年代からジャクソンビルに住む。

それでもふたりはいつの間にかこの町を終《つい》の棲家《すみか》と決め、穏やかな日々を送っている。

つる子は六三年、末子は六八年に沖縄で海兵隊員と国際結婚した。その後の人生にも驚くほど共通点が多い。アメリカでともに離婚と再婚を経験し、三人の子どもを養育した。二度目に結婚した相手も、海兵隊の関係者だった。最初の結婚は相手の不義で破綻、再婚相手とは幸せに添い遂げた。伴侶の他界した現在は、近隣に住む子や孫との交わりを楽しみに暮らしている。

ふたりが出会ったのは二十数年前。それぞれの息子が出場する高校生レスリングの試合会場で、〝ママ友〟になった。相前後して地元に発足した沖縄県人会の活動を中心メンバーとして支えてきた。

一年余り前、末子が夫を失ってからは、運転免許のない彼女のため、つる子は買い物などの運転手役を引き受けるようになった。末子はつる子とのこんな付き合いもあるという。

「私たちふたりは県人会のメンバーかどうかにかかわりなく、新聞の死亡記事欄で日本人の名を見つけると、面識のない人でもお通夜に行くようにしているの」

ここジャクソンビルに暮らす日本人は五百人とも千人とも言われるが、圧倒的多数が彼女らのような軍人やそのＯＢの妻たちだ。日本人の男性はふたりしかいない、と説明する人もいる。しかもその大半は沖縄出身者。正式に県人会に所属するメンバーは百三十人ほどだが、さまざまな事情から会に寄り付かない人はなおのこと、つる子や末子はその最期が気にかかるという。

米兵花嫁と日系コミュニティ

ここにはなぜこれほど、沖縄の女性が多いのか。その理由は一九五〇年代の日本国内で、本土にいた海兵隊部隊がすべて沖縄に移された歴史を考えれば、わかるだろう。

ジャクソンビルに定着した軍人家族の大半は、転勤を繰り返す二十～三十代を経て、キャンプ・レジューンに在任中、この町で住居を購入した。なかにはこの基地とは無関係なまま、沖縄女性の多さを伝え聞き、移ってくる退役軍人夫婦もいる。

米軍人の妻となり、子をもうけ、異国の土となる人生を選択した女性たち。そんな彼女らも、一定の年齢を過ぎると内面に抑えがたく「沖縄人としてのアイデンティティー」が膨らんでくるという。その思いが基地の町に同郷者のコミュニティをつくり上げる。

六〇年代には、沖縄からも日本本土からも国外に移民を送り出す時代はほぼ終焉した。その一方、ここアメリカでは、戦前の移民一世が亡くなってゆくタイミングで、入れ替わるように「米兵花嫁」が増え、全米各地で日系コミュニティを支えるようになっていった。

なかでもその初期に渡米した女性は、「戦争花嫁」という呼称で知られている。サンフランシスコ講和条約で日本が独立するまでの占領期、あるいはその少し先、五〇年代の末ごろにかけ、進駐軍、駐留米軍の兵士と結ばれた。

嘉悦大学元教授の安富成良の論文「アメリカ本土の戦争花嫁と日系コミュニティ」によれば、この時期の花嫁の総数は四、五万人と推計されるという。

講和条約発効後も米軍統治が継続した沖縄では、こうした結婚がその後も続いてきた。『沖縄タイムス』の元記者で米国に居住するフリージャーナリストの悦子・クリッシーは、旧姓・澤《たく》岻《し》悦子《えつこ》の名で二〇〇〇年、『オキナワ・海を渡った米兵花嫁たち』という本を出版した。それによれば、米軍統治時代、米兵と沖縄女性の結婚を年間約四百組と見積もった資料があり、本土復帰後も二百組程度の結婚件数が推計されるという。

何よりも、沖縄においてはこうした結婚に特別な呼称がなく、「国際結婚」というだけで米兵との結婚と受け止められることに驚く。終戦直後の「戦争花嫁」と、沖縄で今日まで続いている「国際結婚」という生き方。その差異に触れる前に、まずは共通点を指摘しておこう。

それはアメリカの日系人社会、沖縄人社会の双方を、いまや彼女らが支えていることだ。

私は二〇〇九年、安富の仲立ちで何人かの「戦争花嫁」に話を聞く機会を得た。外務省の外郭団体・海外日系人協会が毎年開催する「海外日系人大会」にまとまって参加したタイミングを利用してのことだ。世界各国から日系人が集結するイベントで、出席者は各国日系団体の指導的立場にある人が多い。たとえば日本からの移民が、第二次世界大戦の勃発によりほぼ終わったペルーからは、二世や三世の日系団体幹部が出席する。

しかし、アメリカの日系団体の場合、戦前移民や「帰米二世」から次世代へのバトンタッチはごく一部で、戦後の〝ニューカマー〟である「戦争花嫁」や米兵花嫁が日本語話者として、日本との橋渡し役を担うようになっていった。

在米沖縄人社会の状況も似ている。ハワイやロサンゼルスなど、県人組織に歴史的基盤があり、三世、四世へとコミュニティが受け継がれている地域を別にすれば、世代交代で先細る移民系のコミュニティに代わって、米兵花嫁という〝新しい血〟の流入が、新時代の県人会を生み出しているのだ。

そもそもアメリカでは、全米に広がる在留県人を束ねる組織はない。その点がブラジルやペルーなど南米諸国とは異なる。世界のウチナーンチュ大会では、全米に点在する県人会グループが、それぞれの横断幕を手にパレードで行進する。ちなみにその数は一九九〇年の第一回大会で十三団体だったのが、二〇一六年、第六回大会では四十団体に増えている。新団体はほとんど米兵花嫁のグループだ。

別の角度から言えば、米兵花嫁が中核となった近年の県人会組織では、戦争中の強制収容や二世部隊の戦いなど、移民時代の歴史的出来事は、自らにつながる体験としては認識されていないのである。

本土系「戦争花嫁」と沖縄系「米兵花嫁」

このように戦後数十年を経て、コミュニティの主体に躍り出た状況を本土系「戦争花嫁」と沖縄系「米兵花嫁」に共通するものと考えると、両者の相異点はアメリカでの「被差別体験」だ。

終戦後の「戦争花嫁」の場合、日本国内でまず交際や結婚に至る段階で、周囲から冷淡な視線を浴びている。米兵相手の娼婦を意味する「パンパン」や「オンリーさん」といった中傷が、彼女たちを傷つけた。

移住したアメリカにも偏見は待ち受けた。ひとつはアジア系の外見に由来する白人からの差別であり、もうひとつは戦前から現地に根を下ろす先人たち、日本人移民社会からの白眼視だった。たとえば安富の論文には、当事者のこんな証言が記されている。

一世のおばさん達は日本から来た戦争花嫁たちはみんな、ポンと肩をたたかれてチョコレートの一枚とか、チューインガムをもらって、それでフラフラしてアメリカの人と結婚してアメリカの方に来た、と解釈していらっしゃる方が非常に多かったんです。ですから、我々のことを非常にバカにしておりました。（略）戦後来た女性はみんな同じように、夜の女から出てきたような人だと思われてたようです。

（「アメリカ本土の戦争花嫁と日系コミュニティ」）

私が二〇〇九年に「戦争花嫁」に着目し、話を聞いたのも、そのような境遇からコミュニティの主役を担うまでになった彼女らの足取りに、ドラマ性を感じたためだった。

ところが、沖縄からの米兵花嫁に目を向けると、当事者の回想はニュアンスがかなり違う。多くの花嫁に聞き取り調査をした悦子・クリッシーは言う。

「結婚に反対された話は沖縄の人もほぼ全員が語ります。でもアメリカで偏見に苦しんだ経験はほとんど聞かないんですよ。私自身、この点は予想外でした」

『沖縄タイムス』の記者時代にニューヨークに留学し、九〇年代に各地の米兵花嫁を訪ね歩いた彼女は、五〇〜六〇年代に結婚した女性を中心に話を聞いている。

本土系「戦争花嫁」との差異は、何に由来するのだろう。私なりに理由を考えると、可能性がいくつか思い浮かぶ。ひとつは旧来の移民社会、日系社会と交わり合う機会の有無である。

ジャクソンビルの女性たちをはじめ、米兵花嫁は、基地周辺に固まる傾向がある。それは二十年以上、軍人の妻であり続けることで、その後の人生に多くの特典を得ることができるためだ。夫の退役後も、未亡人となった晩年も、基地内の病院を利用したり、無税のＰＸで買い物をしたりすることができる。基地内外に沖縄の女性が数多くいる、その事実自体が同郷者には魅力的に映る。

移民社会の先人を頼らずとも、夫が転勤する先々に仲間が固まっているのである。

本土出身者のグループと沖縄人同士の人間関係の違いもある。ひとことで言えば、沖縄人の関係ははるかに大らかだ。先に引用した「戦争花嫁」のコメントのようにギスギスした雰囲気は、沖縄人の間ではなかなか思い浮かべにくい。

白人社会からの差別は、「戦争花嫁」の体験者もさほど多くないようだ。出身国日本のイメージが、戦後の民主化や復興、先進国入りを背景に好転したうえに、強制収容など戦時中の差別への反省、公民権運動の影響などによって、戦前・戦中のような露骨な日本人差別はなくなった。とりわけ海外生活の経験者が多い軍コミュニティにおいては、平均的な田舎の白人居住地より〝外国人慣れ〟の度合いははるかに高いという。

ところが、沖縄出身の米兵花嫁には、本土女性が味わうことのないストレスがひとつある。ほかでもない、本土出身者から時に示される見下した態度である。本土出身者の会話から漏れ聞こえる「あいつら」という言葉、「沖縄さん」という揶揄《やゆ》の響きのある呼びかけなど、些細にも思える話だが、沖縄の人々はその歴史的体験もあり、実に敏感にオブラートに包まれた悪意を感じ取る。

「実際、アメリカの県人会では、本土の人が嫌いだ、私たちをバカにしてるよね、という話を頻繁に耳にします」

悦子・クリッシーはそう明かした。

その姓でわかる通り、彼女もまたアメリカ人を夫に持つ。相手は留学中に知り合った民間人。現在、居住地のラスベガスで県人会に所属する悦子は、米兵花嫁のメンバーに囲まれて日々を過ごしている。その特有の雰囲気に時々、違和感を覚えることもあるという。

「どうしても長年、軍人の夫と生活を共にすると、感化されてしまうんでしょうね。アメリカの愛国者的な考えを刷り込まれた人が多いです。十人くらいの県人会メンバーと話していて、〔大統領選挙で〕トランプに投票しなかったのが自分だけと知ったときは、さすがに愕然としましたよ。みんなも薄々、私の〝異質さ〟には気が付いているでしょうが、気まずくなる話題はなるべく避けるようにしています」

団塊の世代の悦子自身、妹のひとりに米兵花嫁がいる。そもそもこのテーマに関心を抱いた背景にも、そのことがあった。

「家族の反対に関しては、ですから私もわかります。ウチの父親が妹に投げかけた言葉はひどかった。女きょうだいは六人なのですが、『きょうから娘は五人しかいないと考える』とまで言いましたからね」

自分たちを戦争で打ち破った強くて裕福な異民族の支配者たち。その強者に卑屈にも沖縄の女性が媚びを売る。父親たちの抱いたであろう嫌悪感を悦子はそう想像する。

戦争写真家のロバート・キャパがその昔、撮影した有名な写真に、第二次世界大戦後、フランスの群衆がひとりの女性を丸刈りにして引き回すショッキングな一枚がある。ドイツ軍による占領下、フランス女性でありながらドイツ兵と交際した〝罪〟に対する辱めだ。

「そう、まさにあれと似た感情だったと思います」

それでも、彼女の印象では、沖縄社会の雰囲気にも時代ごとに変化が感じられるという。

「終戦直後から五〇年代にかけ結婚した女性への風当たりは、むしろ少なかった感じです。当時は本当に、沖縄の人は貧しく、米兵の経済力は圧倒的だった。反発より「助かる」という本音が勝っていたのでしょう。風当たりは六〇年代になり、ある程度暮らしが落ち着いてから強まった気がします。妹の結婚は七〇年代のことでした」

花嫁たち自身は、米兵と知り合い、日本人にないレディファーストの振る舞いや親切さに惹かれた、と語る人が多い。と同時に、国際結婚に貧困からの脱出を求めた人がいたであろう可能性も否定しない。

県人会に新風吹き込む国際結婚者

ジャクソンビルに米兵花嫁の一大コミュニティがあるという情報と、その中心にいて沖縄県の民間大使にも任命されているつる子の存在を教えてくれたのは、悦子だった。

「生まれたのは〔南洋の〕テニアン。向こうでは豊かな生活をしていたから、自分たち一家の暮らしをめちゃくちゃにしたアメリカは大嫌いだった。でも人生は不思議ね。大人になり、基地のＰＸで働いて知り合った旦那は、本当に親切な人だった」

結婚から十年後に浮気をして、家族を裏切った男にもかかわらず、その記憶を振り返るつる子の表情には、穏やかな微笑が浮かんでいた。

自宅リビングの壁には三人の息子の写真。うち長男と三男は海軍の軍服をまとっている。反対側の壁には十人の孫たちの写真が三列に並べられている。開け放たれた玄関から、庭で戯れるリスが見える。

最初にこの町に来たのは六四年。その後、上陸用舟艇の乗組員としてベトナムに派遣された夫と休暇ごとに会えるよう、沖縄へと戻り、六九年からジャクソンビルに再び住むようになった。

沖縄女性の人脈が広がるきっかけは、夫のアドバイスだった。基地内の理髪店に夫が息子を連れ出かけた際、息子の容貌を見た沖縄女性から「もしかして奥さんは日本人？」と声をかけられた。聞けば、この女性の行く教会では、日本人信者向けに聖書と英語の勉強をする会が毎週催され、本土出身者と沖縄人半々の、十人ほどのメンバーが通っているという。

つる子も行ってみればいい――。

「最初にジャクソンビルに来たときは、日本人とひとりも出会わずに随分寂しい思いをしたものでした。夫の勧めで教会に行くようになってからは、生活がまるで違うものになりました」

その後、八八年に沖縄県人会結成へとつながってゆく人脈は、この教会で開かれていた勉強会の仲間から広がったものだった。ＰＸで買い物中、あるいは市内のレストランに出かけた際、それらしい外見の女性を見つけるたび、「日本人ですか？　もしかして沖縄の人？」と声をかけるようになった。

だが、女性たちの配偶者の皆が皆、理解を示すわけではない。以前、あるパンケーキの店を末子と訪ねた際、女性への勧誘を夫に遮られ、「そんな話を聞くつもりはない」と追い払われた経験もある。

この男性がなぜ不快感を示したのか、真意は不明だが、自らの理解の及ばない異文化の活動に妻がのめり込むことを不愉快に思う配偶者がいても、不思議ではなかった。

そう、国際結婚した妻たちの県人会活動には、文化を共有していない夫がいる。その点で、移民の先人が立ち上げた県人組織にない難しさも存在するのである。

日本人の海外移民史や沖縄人の移民史をさかのぼり、見渡せば、どの時代もどの国でも、移民一世は日本人会をつくり、沖縄人たちも村人会や県人会を結成したものだった。

そこには大別して、三つの理由がある。

ひとつは異文化に身を置く孤独感やストレスを癒すため、母国語で存分に語り合える仲間を欲する感情だ。もうひとつは、マイノリティーの集団として、自分たちの文化を現地に紹介する役割を担いたいという使命感。三番目は、その文化を自分たちの子や孫に伝承してゆきたい、という願望だ。

国際結婚者のコミュニティの場合、とくにこの三つ目のポイントに微妙さがある。ひとつ目とふたつ目は自分自身の欲求であり、家族にもある程度理解されやすい。しかし子どもや孫たちのアイデンティティーを方向づけるのは、簡単なことではない。

一義的な文化や自意識はまずアメリカ人。そのうえで〝もうひとつのルーツ〟にも目を向けてもらう必要がある。孫の世代だと、四分の一しか沖縄の血を持たないケースが一般的になってしまう。

「それでもね、文化は受け継いでほしいのよね」

つる子の家族では、三家族十人の孫のうち、沖縄への関心を強く示す孫娘がふたりいるという。ひとりは高校三年生のとき、沖縄県が移民子弟を招聘する「ウチナージュニアスタディー事業」に選抜され、それをきっかけに、名古屋や東京の大学にも留学した。そんないとこの体験を追うように、ジュニアスタディーへの参加を夢見ている十六歳の孫娘もいる。

このように、あくまでも子や孫から自発的に沖縄のアイデンティティーが芽生えてくれることを、米兵花嫁は期待するしかない。その立場はひたすら受け身であり、無理強いはできない。県人会単位で考えれば、ハーフの次世代やクォーターの孫世代に活動の後継者が現れず、沖縄からの新たな〝一世〟も加わってくれなければ、会の活動は一世代限りで消滅することになる。

さて、つる子との間でひとしきりそんな会話を続けたあと、すぐ近所に住む末子の家を訪ねると、彼女は沖縄料理の昼食を用意して待っていてくれた。会食には、同じ州内のウィルミントンという町から来訪した多美子・バーカーという女性も加わった。

「宮城流能松会」という琉球舞踊の師範の資格を持つ多美子は、ジャクソンビルのほか、州内にもうひとつあるフェイエットビルの県人会にも籍を置き、双方で踊りを教えている。フェイエットビルは陸軍基地のある町で、会のメンバーはやはり全員が米兵花嫁だ。

「県人会や日本人会は心の拠り所だと思います。私自身はもう沖縄に帰る気はないですけど、かと言ってアメリカ人になれるわけでもない。気持ち的にはやはり沖縄人なんです。こんなこと、若いころには考えもしなかったのに、年を取ると強くそう思うようになりました」

那覇市出身の多美子は嘉手納基地の空軍整備兵だった夫と結婚し、一九七三年に渡米した。多くの米兵花嫁と異なるのは、徴兵で兵役についていた夫が当初から、四年間の軍務が満期を迎えたあと、民間人になるつもりでいたことだ。

実際、アメリカに引き揚げた夫は大学に進学し、エンジニアとなった。結婚生活の前半、二十年近くはカリフォルニア州で過ごし、多美子は日本の進出企業で働きつつ、琉球舞踊も学ぶようになった。その後、根を下ろす土地を求め、さまざまな条件を満たすウィルミントンに落ち着いた。同胞の少ない白人の町に居を構え、ふたつの基地門前町に通い続けている。

「イチャリバチョーデーって言葉を知ってます？」

出会えば兄弟。袖振り合うも多生の縁、に似た沖縄のフレーズだ。本土出身の私も知る言葉だが、改めて異郷の地の沖縄人社会に当てはめて考えると、その寛容な特徴をよく表している。

本土出身者の場合、どうしても相手との優劣、上下関係を推し量りながら人間関係を構築する。米兵花嫁の例でいえば、夫の階級によって妻同士の態度が変わるようなケースだ。互いに対等な「ヨコの関係」を基本とする沖縄人の場合、同じ沖縄の出身者であるだけで十分、無駄なポジション取りは不要だという。もちろん、異なる状況もあるのだが、本土出身者と比較すればそういった傾向は顕著だ。

「だから沖縄の人間は仲間を求めるのだと思います。年を取ればどうしても懐かしさが募ります」

会食した三人で最後に話をしてくれた末子は、ズバズバと歯に衣着せずモノを言うタイプだ。出身地は本部町。半農半漁で家族を支えた父親は、家族全員でアルゼンチン移住を企てたこともある。その計画は結局、兄の反対で頓挫。末子は中学を出てバスの車掌となった。その後、石川市(現・うるま市)で、米兵向けレストランのウェイトレスとして働き、最初の夫となる海兵隊員と恋に落ちた。

「母親は世間体をずいぶん気にしたけど、同級生で嫌なことを言う人は誰もいなかった。私たちの世代は戦争で人数が少なくて、幼稚園からずっとみな同級生。家族みたいに仲が良かったから」

沖縄、カリフォルニア、沖縄、バージニア、カリフォルニア、そしてまた沖縄。若き日の夫婦は転勤命令に従って日米の基地を転々とした。ジャクソンビルに落ち着いたのは八五年のことだ。

「クソ田舎」に思えたこの町に定住するつもりは毛頭なかったが、ある日のこと、夫は末子の友人だった女性と駆け落ちするように家庭を捨て、人生は突如、暗転してしまった。

「子どもたちがいなかったら私、沖縄に帰ってたね。妹も帰っておいでって言ってくれてたしね」

最も困窮した一時期はレストランのウェイトレスとスーパーの仕事を掛け持ちした。ほどなくして乳がんが見つかって手術、息子の家に身を寄せ療養生活を送ることになった。

「そんなとき、見舞いに来てくれたのが、顔見知りだった次の旦那。亡くなった奥さんと私が親しくて、花を届けてくれたの。結婚はもういいって思ってたんだけど、本当に優しい人だったからね」

海を臨む町へ

ジャクソンビルでの二日目は、つる子と末子が教会でのフリーマーケットに連れていってくれた。集まった顔ぶれには、本土出身の女性たちもいた。手作りの弁当や菓子、衣類、文庫本などが並べられ、ステージでは歌や踊りの出し物が続いた。アメリカ人の信者も入れ替わり訪れた。

日本人の集まるジャクソンビルの教会でのフリーマーケット(2018年4月15日，筆者撮影)

イベントを取り仕切る牧師は、根本康司という神奈川県出身者だった。

二十六年に及ぶアメリカ生活の大半は西海岸で過ごし、ジャクソンビルに来たのは八年前だという。

「同じ日系社会でもこんなにも違うんだ、とここに来てびっくりしましたね。西海岸では四世や五世の時代だけど、それでいて自分たちのルーツを彼らは大切に思っている。こちらでは、まったくのアメリカ人社会で日本人女性たちが固まっている感じ。なかには孤独死してしまう人もいて、女性の孤立が心配になります」

根本には、日系二世の軍人と結婚した「戦争花嫁」のおばがいる。戦後の結婚移住者でありながら、移民社会の二世と結婚したことで、新旧のコミュニティ双方に接点を持つ格好になったという。

「日本人社会、日系人社会と言ったって、時代背景が違うとだいぶ違う。ジャクソンビルの女性も若い人は年配者のグループにあまり入りません。転勤の多い年代、という事情もあるけれど、日本にすぐ戻る感覚であったり、あっさりした結婚観だったり、上の世代とは価値観が合わない気もします」

会場ではもうひとり、妙子・ノースという六十七歳の沖縄女性にも話を聞くことができた。夫の浮気による離婚、同じ海兵隊員との再婚というパターンを、彼女もまたたどっていた。

「それでもね、私たちはラッキーなんですよ。こうした活動を喜ばない旦那さんたちだっていますから。私たちより年上の人たちだと、ここはアメリカだよ、英語を使いなさいって言われた人も多かったはずですよ」

ジャクソンビルの沖縄県人会は前月に設立三十周年の記念集会を開いたばかりだった。周辺各州の県人会幹部も数多く祝福に駆けつけた。

二次会で妙子の隣に座った老夫婦も、遠方からの参加者だったという。

「何でもこの夫婦、ジャクソンビルに来ることを、もう決めている、ということでした。ここには県人会があって海があるからかな。海があれば沖縄を思い出せますから」

私はふと、百十年前、最初の移民船「笠戸丸」でブラジルに渡ったコーヒー農園の沖縄移民のことを思い出した。過酷な労働条件に堪えかねて次々と逃亡した移民たちは、その多くがサントスの町を目指した。海を望むこの町はやがて、数多くの沖縄出身者が寄り添って暮らす拠点になっていった。

米兵花嫁から見た沖縄基地問題

私のジャクソンビル探訪は、つる子と末子から手厚い助力を受け、ほぼその目的を達した。ただ末子に対しては、移動中、中途半端に聞かされた話が引っかかっていた。沖縄の基地問題をめぐる話だ。何気ない会話のなか、彼女の回想は次々と驚くべき逸話に〝脱線〟した。

曰く、コザ暴動のとき、末子は沖縄の基地内の住居にいて、軍から外出を控えるよう命じられた。曰く七四年のこと、キャンプ・シュワブのある辺野古で米兵が強盗目的で飲食店に押し入り、店主の女性をコンクリートの塊で撲殺した。被害者は彼女のいとこの妻だった……。

その事件は知っている。そう答えた私の反応に末子は「詳しいね」と驚いたようだった。

このままで終わらせるにはあまりに気掛かりなやり取りと感じていた私は、つる子の運転する車中で改めて彼女にそのときの気持ちを質問した。自分自身は米兵花嫁であり、一方で故郷沖縄にはそうした出来事がある。そんな境遇に複雑な感情は湧かないかと。

しかし末子はきっぱりと「とくに何も考えない」と言い切った。

辺野古ではみな、新基地の建設に合意しているのに本土から来た連中が騒いでいる——。末子にとって、反基地運動はあくまでも間違った行動であり、その認識にいささかの揺らぎもないようであった。

一九九五年、第二回世界のウチナーンチュ大会の直前には、米兵グループによる少女集団暴行事件が発生した。ジャクソンビルからの参加者らは、万が一沖縄で感想を聞かれても「ノーコメント」で通すよう申し合わせたという。末子は私の戸惑いを撥ね退けるように、そんなことも打ち明けた。

そのときは彼女に伝えなかったのだが、辺野古の古い殺人事件を私が読み知っていたのは、事件被害者の息子が少し前、新聞に取り上げられていたためだ。そこでは消え去ることのない事件への怒りとともに、辺野古新基地の建設を許さないこの息子の思いが語られていた。

米兵花嫁という人生を選び取ったからには、その多くは保守的な考えを持つはずだし、そのことに口を挟む考えは、私にはなかった。悦子・クリッシーの印象では、基地問題に関して米兵花嫁の多くが「本土復帰前の自民党のような考え方」を抱いているという。

「結局沖縄は基地がないと経済的にやっていけないでしょ。そういう考えです。実際には現在の沖縄の経済構造は、復帰前とまるで違うけど、彼女たちは古い感覚でそう思っているようです」

いずれにせよ、戦後約七十年、おびただしい数の米兵花嫁がアメリカへと渡った。その現象自体が沖縄の苦難の歴史を象徴する事実にほかならない。もちろん、彼女たちの存在には、沖縄移民史に新たな一ページを書き加えたポジティブな側面もある。浅薄な論評をするつもりはない。ただ、末子の人生に背景として垣間見える光景の壮絶さに、私は息を呑んだのだ。

最後にもうひとり、フロリダ州に暮らす米兵花嫁のことに触れておこう。朝子・モートンという、ペルーからの引揚者を両親に持つ女性だ。

つる子は幼少期をテニアンで送り、末子の一家もアルゼンチン移住を真剣に検討した。戦前、十人にひとりが海外移住をした沖縄ならではの外地への距離感は戦後、国際結婚の決断に、ハードルを下げる面があったのではないか。両親のペルー移住体験を娘として掘り下げて調べている。朝子についてそんな話を聞き、私はこの女性に関心を抱いたのだった。

米海軍の空母乗組員だった夫を持つ朝子は、幼少期から両親のペルー体験を聞きながら成長した。ゴキブリを「クカラッチャ」と呼んだり、「いったい何てことを！」という意味合いの「カランバ！」という叫び声で叱りつけられたりと、母親はスペイン語をしばしば家庭内の会話に織り交ぜた。

アメリカに渡ってから、そんな両親の人生を改めて調べる気になったのは、子育ての負担も少しずつ減ってきた四十代になってからだという。

父親は久米島、母親は首里市（現・那覇市）の出身。サトウキビ耕地の農業移民として先にペルーに渡っていた祖父の呼び寄せで三四年、まず父親が、二年後に母親が移民船に乗った。ともに師範学校に学んでいた両親は、現地の日本人学校で教壇に立ったが、日米開戦後、有力者や知識人の一斉拘束で捉えられ、アメリカの強制収容所へ送られた。

戦争中、日米両国は互いの抑留者を交換船で帰国させ、朝子の一家もこの仕組みで帰国した。ところが父親は防衛隊員として沖縄戦の戦場に立ち、捕虜として再び太平洋を越えることになった。第5話で触れた「沖縄ハワイ捕虜」、彼女の父親もそのひとりだったのだ。

南米移民だった両親の前半生。米兵花嫁となった自らの選択。朝子自身は両者をどう結びつけ、理解しているのか――。私の漠然とした問いかけに、朝子は言葉を詰まらせた。

「やはり国際結婚の私たちと移民は違う気がします。共通点もあるのかもしれないけど、何とも言えません」

いにしえの移民と現代の海外定住者。その隔たりを感じる最大の要因は、航空機の移動による時間的、経済的距離の短縮に負う部分が大きい。彼女とのやり取りで私たちの思考はその変化に引きずられがちなことを改めて感じた。

米海軍の軍人の夫と記念写真を撮る朝子・モートン（朝子・モートン氏提供）

ただ、問題の本質は実はそこにはない。夫婦単位の移住ではなくても、たとえば戦前、奥アマゾンのゴム移民のように、単身者が現地で結婚して人生を全うした前例もある。果たして米兵花嫁の時代は、移民時代とまるで違うものと考えるべきなのか。

その評価はたとえば、彼女らの存在が一代限りで消え、二世や三世が「アメリカ人」という大海に溶け去ってしまうのか、それとも何らかの痕跡を残すのか、そんな先行きにも左右される気がする。

朝子とのやり取りは都合二回、計数時間に及んだが、私たちの会話は最後に思わぬ方向に向かった。念のため付け加えた質問への反応が予想もしないものだったのだ。

「軍人と結婚したみなさんには、基地問題をどうこう言う気持ちはないと思いますが……」

「いや、それが私にはあるんです」

朝子の即答は私を驚かせた。

「私は昔からベトナム戦争に反対していましたし、夫婦での議論も随分としました。アメリカでは大学進学や生活のため、軍に入る人たちもいて、夫もいろんなことを考えてきた人です。私は沖縄で兵隊による殺人などがあると、本当に土下座したい気持ちになるのです。心が痛みます」

二年前のウチナーンチュ大会に出た際には、辺野古や高江の抗議現場にも足を運んでいる。かと言って、米兵花嫁の仲間たちと政治的な議論をするつもりもないという。

人それぞれ、思いはある。それだけの時代を彼女らは生きてきた。基地問題の認識では真逆にも見える末子と朝子だが、私はふたりの人生から同じように重い沖縄の歴史を感じたのだった。

第10話

異国のなかの〝祖国〟

――末裔たちの沖縄

第6回ウチナーンチュ大会での伊佐アンドレス(前列右)と比嘉アンドレス(同中央)(2016年10月26日，筆者撮影)

アルゼンチンから来日し、演歌のプロ歌手に仲間入りしたものの、日本語をまだ満足に話せなかった新人時代のこと。同じ事務所の大御所歌手・山川豊の登場をひとこと紹介する役目を、テレビの生番組で彼女は割り振られた。

「うまく言えるかな。心配になって楽屋で一時間、ずっと練習していたの。いつも大変かわいがっていただいて……いつも大変かわいがっていただいています……」

ところが本番では、緊張のあまり「私がメチャメチャかわいがっている山川豊さん」と、やらかしてしまった。さらなる失敗は、別番組でやはり先輩の宮路オサムを紹介したときのことだ。

「それでは、オヤジ・ミサオさん……」

いまやそんな自虐ネタで笑いを取るほどに日本語を身に付けた大城バネサは、ひとしきりライブの聴衆を和ませたあと、続く『今帰仁《なきじん》の春』の歌に触れ、ステージ脇にあるモニター画面に注意を促した。

「これ、主演女優は私の祖母なんです」

バネサとふたり、鄙《ひな》びた今帰仁の町を歩く高齢の女性。曲とともにカラオケビデオに映ったのは二〇一六年、世界のウチナーンチュ大会にアルゼンチンから参加して、その足で六十五年ぶりに故郷の地を踏んだ当時八十九歳のバネサの祖母だった。

今帰仁に春が来る頃　あなたはどうしてる

私はあなたを思って　今日も岬に立つ
（青山るみ作詞）

遠い日に南米移民という人生を選択した母方の祖母。心の奥底で郷愁を抱き続けた歳月を切々と表現した歌声に、ライブ会場の雰囲気はしんみりと一変した。気がつけば聴衆は目を潤ませ、歌の世界に引き込まれていた。

一八年五月、那覇市松山にあるライブハウスを満席にして、大城バネサとペルー三世の民謡歌手・長嶺ルーシーによる初めてのジョイントライブが開かれた。バネサは純和風の演歌を歌い上げ、ルーシーは沖縄民謡にスペイン語訳の歌詞も織り交ぜて、ふたりで独特な音楽空間に聴衆をいざなった。

ジョイントライブを開いた大城バネサ（左）と長嶺ルーシー（2018年5月11日，筆者撮影）

私はバネサの歌声を一年半前にも聴いていた。沖縄セルラースタジアム那覇の観客席。約一万五千人の熱気が渦巻いたウチナーンチュ大会、その閉会式会場でのことだった。

明治期から始まった移民たちの約百二十年に及ぶ歴史。本書では大まかに時代を追う形で〝旅立った人々の物語〟を紹介してきたが、この第10話では彼らの血を引いた「県系人」の思いを取り上げたい。

沖縄への情感を歌うアルゼンチン出身の演歌歌手

私がバネサに会おうと決めたのは、ウチナーンチュ大会の印象に加えて、彼女のルーツの地が、第1話で取り上げた平良新助のふるさと・今帰仁村と知ったためだった。バネサは新助が作詞した『ヒヤミカチ節』もCDに吹き込んでいた。

一般論で言えば、どの国の移民社会でも、世代交代につれ父祖の地への思いは薄まってゆくものだ。両親と三歳で移住した父親から数えれば二世、母方の血筋から見れば三世になるバネサはなぜ、三十代の若さにもかかわらず祖父母世代の情感をしっとりと歌うことができるのか。

そこには家庭環境のほか、彼女自身が異郷の地・ニッポンに来て〝来日一世の苦労〟を味わった体験にも理由がありそうだ。

「沖縄に来るようになったのはわりと最近で、二〇一四年に県の「美ら島《ちゅらしま》沖縄大使」に任命されてから。デビューからしばらくは、所属する事務所が「沖縄には民謡があり（ヤマト風の）演歌は難しい」と考えてたみたいです」

歌手となったきっかけはまだ大学生だった〇一年、ブエノスアイレスで開かれた「NHKのど自慢」アルゼンチン大会に出場して優勝したことだ。翌春には、日本でのチャンピオン大会でも優勝し、東芝EMIの専属歌手に誘われた。

「そこまではシンデレラストーリーだったんです」

演歌好きの家で育ち、少女時代からCDやカセットを聴き込んで歌い方を身に付けた。海の歌を好んだため、のど自慢のゲストだった鳥羽一郎から「女鳥羽一郎」というニックネームをもらった。

正式なデビューは〇三年。しかし折しも音楽業界は、ネットの普及による未曽有の構造不況に飲み込まれてゆく。バネサの歌も伸び悩み、〇八年の暮れにはとうとう契約を打ち切られてしまった。

会社が借り上げたマンションに住めるのは、翌年の三月まで。東京のその自宅には、一緒に来日した両親も暮らしていた。

「本当のことはとても言えなくて、正月明けから十日間ほどは、会社に行くふりを繰り返していました。精神的にだいぶおかしくなっていたと思います」

この窮地に救いの手を差し伸べたのは、日本舞踊の師範として国際交流や老人施設の慰問活動をするボランティア団体の代表者、岐阜県に住む青山るみだった。

アルゼンチンを公演旅行で訪れて来日直前のバネサと知り合った青山は、日本でも折に触れ、生活上の相談に乗っていた。契約解除というピンチを打ち明けられ、「まずは住む所と食べることが大事よ」と、バネサを岐阜に呼び寄せた。

「だってバネサがアルゼンチンを発つときには、空港に二百人もの日系人が見送りに集まったんですよ。そんな期待を背負って出てきたのに、簡単には帰せないでしょう」

青山の支援のもと、バネサは一旦ブラジルに渡ってバリスタの資格を取り、岐阜に本格コーヒーのカフェを開業した。そのうえで、プロ歌手としての活動も少しずつ再開した。

美ら島沖縄大使への任命をきっかけに、『逢《あ》いたい島《じま》』という沖縄にまつわる歌を初めてCD化した。沖縄で複数のラジオ番組も持ち、最近は毎月のように岐阜から足を運んでいる。

別の曲のカップリング曲として『ヒヤミカチ節』を収録した際には、今帰仁の村長を表敬訪問し、建立されて間もない平良新助像に案内されたという。

私はウチナーンチュ大会で聴いた『三線のかほり（移民の唄）』やその直後に生まれた『今帰仁の春』

などの曲で、沖縄への情感を一世のように歌うことのできる理由を本人に尋ねてみた。

「オジイたちのことをずっと思い続けているからかな。私、子ども時代には、周りの子と見た目が違うことを気にしていたんです。日本では「日本語がわからないのに日本の心が歌えるの?」なんて言われたこともある。以前、そういったことで落ち込んで、ちょうど日本に旅行に来たオバアに「私はナニ人なんだろう」って聞いてみたんです。そしたら、「なーに言ってんの。百パーセントのウチナーンチュさね」って。それですっきりして救われる思いがした。実際、沖縄に来るたびに、うまく説明できないけど、ほっとしますしね」

祖母や母親の芯の強さにはただただ驚嘆する、と強調するバネサ。少女時代の母親は十三歳から畑に出て、祖父母を手伝ってきたうえに、弟や妹の食事も作っていたという。

「それでいて一世は強いだけじゃなく、みなどこかで故郷を思い続けてきたのだと思います」

仕事上、沖縄とは縁が薄かったのに、ウチナーンチュ大会で歌う機会を得た。あの大舞台は、忘れ得ぬ体験になったという。

「世界中に移民した人やすでに亡くなった人、目の前にいる何倍もの人たちが、いま、この場所に集まっている。そんな感覚が押し寄せて、歌いながら鳥肌が立ちました」

祖母手ほどきの三線で歌うペルー三世の民謡歌手

ジョイントライブから数日後、私は長嶺ルーシーにも話を聞いてみた。

「沖縄はリマの日系社会とどこか似ています。人がみな温かい。私は最初の一年間、東京に暮らしていたときは、あの街をとても暗く感じました。とくに電車の中。誰もしゃべらずに黙っている。疲れ果てて寝てる人も多い。そんな街で友だちもできず、夢を諦めてペルーに帰ろうとしていたとき、沖縄におじいでって親戚が呼んでくれたんです」

ルーシーも当初は演歌歌手を目指していた。来日はバネサより八年早い一九九四年。三重県で開かれたカラオケの国際コンテストにペルーから参加して優勝した。早速来日を促され、作曲家に弟子入りしたものの、厳しい修業生活にほどなく挫折してしまった。

「でも沖縄に来て久しぶりに三線の音色に囲まれると、亡くなったおばあちゃんの思い出が一気に蘇った。少し三線を習って資格を取り、ペルーで教室を開こうかな。そう思って、三線の研究所（教室）に通うようになりました」

まったくの初心者だったわけではない。少女時代、大好きな祖母から手ほどきを受けていた。

「当時、周囲で三線を弾く子は私だけ。いつもおばあちゃんについて歩き、一世のお年寄りに交じって練習をしてました。友だちには「年寄りの音楽だ」「眠くなる」って嫌がられましたけど、私はなぜか三線が好きでした」

沖縄に移り住み久しぶりに三線を手に取ったルーシーは、民謡居酒屋でアルバイトをしながら修練に励み、「新人賞」「優秀賞」と流派の試験に合格していった。

「二〇一〇年に勧められてCDを作ったの。思い出づくりのつもりだったのに、それ以来、プロ歌手ということになってしまいました……」

バネサとは対照的に控えめな性格で、先のライブでも、騒がしいほどの〝相方〟との対比をからかわれていた。アルゼンチンにいたバネサのいとこがペルーへと嫁ぎ、遠い親戚になったこともあり、バネサは沖縄で仕事をするときには、ルーシーの助力を仰ぐようになったという。

「沖縄にも演歌ファンはたくさんいて、心配することはないんだけど、バネサは「自分は演歌歌手だから」って沖縄に入りにくかったみたい。でも、彼女の知名度は確実に上がってきてますよ」

ペルーでは、三世にも沖縄人のアイデンティティーが受け継がれているのか。

「少なくとも私はありましたね。おばあちゃん子として育ったせいでしょう。祖母は十九歳のとき出稼ぎのつもりでペルーに行き、戦争が始まって帰れなくなってしまった。戦前は日本人差別がひどく、商店への略奪もありました。そんななかで沖縄から遠くペルーで生きてゆく。私は、おばあちゃんの気持ちがわかる気がします」

一方で、沖縄サイドに目を向ければ、ルーシーが暮らし始めた一九九〇年代には、一般県民の海外同胞への知識・関心は、かなり薄まっていたように感じられたという。

「移民とか日系人だとか、知らない人は何にも知らなくて、何でペルーに生まれたの、何で日本語ができないのって一から説明しなくてはなりませんでした。正直、面倒に思いましたよ。最近はウチナーンチュ大会が大きくなり、ネットでも情報が見られるから、だいぶ良くなりましたけどね」

二〇一八年夏には、沖縄移民百十周年の記念式典がペルーとボリビア、ブラジル、アルゼンチンの四か国であり、バネサはボリビアを除く三か国を回る公演旅行をした。ペルーの公演にはルーシーも同行し、共演を果たしたという。

「世界のウチナーンチュの日」と〝ふたりのアンドレス〟

続いて私が会ったのは、名護市に住む男性のふたり組だった。アルゼンチン三世の比嘉アンドレスとペルー三世の伊佐アンドレス。奇しくも同じ名前を持つ現地の公立大学・名桜大学の卒業生だった。ペルー出身の伊佐は二十代、アルゼンチン人の比嘉は四十代、年齢はひと回り以上離れている。

私が彼らの存在を知ったのも、二〇一六年のウチナーンチュ大会。十月三十日の閉会式、まさにこの日をもって「世界のウチナーンチュの日」とすることを当時の翁長雄志知事が宣言した。この発案者こそ〝ふたりのアンドレス〟だった。比嘉が経緯を説明してくれた。

「五年に一度だけ、打ち上げ花火みたいに大会を開くだけじゃもったいない。せめて年に一度、ウチナーンチュの結びつきについて世界中で考える日を設けたい。慰霊の日は悲しみの記念日だし、基地問題なんかで複雑な意見の違いもある。心の底から楽しくみんなが祝える日。私たちはユダヤ人の間にある国際記念日を参考に、そう提案したのです」

彼自身は〇八年、伊佐は〇九年に名桜大学に入学した。比嘉は、大学院を経て名護市国際交流会館に、伊佐は名桜大学国際交流センターに職を得た。ふたりは大学卒業後も年に一度、名桜大学を会場に〝県系人留学生〟を集める「世界ウチナーンチュ学生サミット」という催しに取り組んで、〝沖縄系〟にこだわる活動を続けている。

「世界のウチナーンチュの日」のアイデアは一五年の学生サミット後、ふたりだけの〝反省会〟を居酒屋で開き、思いついたことだという。知り合いの名護市職員に相談して助言を受け、名護市議会で議決してもらい、そのうえで県に提案したところ、驚くほどスムーズにプランは実現した。

比嘉の沖縄生活は彼自身、予期せぬ展開で実現した。初めての来日は母国アルゼンチンが未曽有の経済危機に陥った二〇〇〇年。インフレで大学の学費が足りなくなり、日本にデカセギに行く決断をした。東は宮城から西は福岡まで七年間、転々と各地で働いて目標額をようやく貯めることができた。

「で、いよいよアルゼンチンに帰るという直前、沖縄の父方、母方の親戚に挨拶に来たんです。仏壇に手を合わせて、すぐ帰国するつもりでした」

ところが、合計で二週間と見込んでいた両家での滞在は、それぞれに長期化した。

「そろそろ帰りますと言っても、「もう少し待って。那覇から来るおばさんがいるから」「名古屋にいる親戚も会いたがっている」と引き留められるんです。気がつけば半年も時間が過ぎていました」

すると、「どうせなら名護の名桜大学を受験したらどうだ」と周囲は勧め出した。

日本語での受験合格など無理に決まっている。そう思った比嘉だったが、親戚をあきらめさせるため、形だけの受験をすることにした。秋口の試験はやはりダメだった。しかし今度は比嘉自身が、頑張れば通る手応えを感じ取り、翌年二月の最終試験で再挑戦を試みて、合格を果たしたのだった。

三十代にして人生設計を百八十度変えたのは、何よりも沖縄の人間関係に魅了されたためだ。本土にいてわかったつもりでいた日本人の印象が、父祖の地で一変した。自身に内在する〝沖縄アイデンティティー〟へのこだわりに気づいたのも、この時期のことだった。

一方の伊佐はペルーの大学で奨学金を得て、一年間の交換留学で来県した。比嘉同様、沖縄の地に魅入られて試験を受け直し、四年間、名桜大学に正式に通うことにした。

「ペルーでは県人会の活動に興味はなく、三線やエイサーなど沖縄の文化とそれ以外の日本文化の違いさえわかりませんでした。それがいまは全然変わってしまいました」

沖縄に愛着を示す三世、四世は、親戚づき合いの温かさを強調する。移民時代は遠い過去になったにもかかわらず、祖父同士が兄弟だったという程度の関係で、孫世代が大歓迎してくれるのだ。

もちろん沖縄人すべてがそうではない。それでも一般論で言えば、沖縄での血の絆は本土よりかなり強い。たとえば日系人の来日デカセギが合法化した一九九〇年代、戦火による証明書類の消失で身元証明の必要に迫られたフィリピンの二世や三世が、日本にいる親戚に戸籍を取る協力を求めても、本土では接触すら拒まれるケースが多々あった。私は当時、支援ボランティアの関係者からそんな嘆きをよく聞いた。それだけに、沖縄で耳にする正反対の逸話には、風土の違いを痛感した。

比嘉アンドレスが勤務する名護市国際交流会館では、通訳や翻訳のサービスをしていないが、海外からの来県者が遠い親戚との意思疎通に困り、〝SOS〟が来た場合は、特別に手助けすることがある。

「この対面が面白いんですよ。家族関係があったのは祖父母の代。で、誰それはわかるか、と知っている名前を探り探り聞いてゆく。そして共通して認識する身内が見つかると、『オオッそうか』と、雰囲気が一変して食事会になる。いつもそのパターンです」

ふたりのアンドレスは「世界のウチナーンチュの日」の実現後、「日系人の日」の制定も目指している。彼らは自らをウチナーンチュであり、日系人でもあると認識しているのだ。

ところが二〇一七年、ペルーで開かれた「パンアメリカン日系人大会」に参加して提案したところ、原則的な合意は得られたが、ハーフやクォーターなどどこまでを「日系人」と捉えるか、何月何日を記念日とするかなど、細部が詰められず結論は持ち越されてしまった。

「つまらないことですよ。ウチナーンチュ同士の会議とは、やはりちょっと違う」と、比嘉アンドレスは口を尖らせた。

注意すべきなのは、彼らほど強い連帯感を持つ県系人は、少数派だということだ。

第7話で取り上げたブラジルの「沖縄県人移民研究塾」代表・宮城あきらは「十九万県系人のなかで県人会員は二千人を切る」と〝県人会離れ〟への危機感を口にした。本土系の日系人よりは結束力があるものの、二世、三世と世代を経るにつれ、ルーツへの無関心派が増えてゆく傾向は同じだ。

デカセギ日系人で見た場合も、同じことがいえる。

沖縄市でペルー料理店を経営する三世の女性は、「デカセギのペルー人で本土から沖縄に来る人は、確かにあまりいませんね」と語っていた。

「そもそも沖縄には、本土並みに稼げる職場はないですから。デカセギが目的ならこっちには来ません。親戚との交流にしても、彼らは私たちとメンタリティーが違う気がします」

ただ、本土での生活体験を持つ比嘉アンドレスや長嶺ルーシーは、「多くの人は沖縄の人間関係を知らずにいると思う」と推測する。何十年も交流が途絶えていた親戚関係が、ふとした訪問から復活する。本土の人間関係を基準に考えると、そんな可能性は思い描けないというのである。

ちょっと横道に逸れた話をする。

私が以前、南米各国のデカセギ体験者に「日本は冷たかった」と聞かされたことは、「はじめに」で触れた。決まり文句のように聞いたのは、「『日本人』と呼ばれて育ったのに、日本では『外国人』だった」という嘆きだ。スペイン語では「ハポネス」、ポルトガル語なら「ジャポネース」。それが自国での呼ばれ方だった。

実はペルーでもブラジルでも、この言葉は「日本人」と「日系人」双方を意味している。「日本国籍を持つ者」と「日本人の父祖を持つ者」を呼び方で区別しない。日本の場合、二世以下の日系人を「日本人」と呼ぶことはまずない。「日系ペルー人」を略すなら「ペルー人」。国籍が優先されるのだ。

一方で沖縄には「ウチナーンチュ」という言葉がある。「ウチナーンチュ」「沖縄人」は国籍を意味しない。県内に本籍地や住民票があるか否かも関係ない。「民族」とまでは呼べないかもしれないが、国籍はどうあれ、ハーフであれクォーターであれ、ウチナーンチュはウチナーンチュなのだ。

自分はナニ人か、と悩んだバネサを救ったのは「ウチナーンチュさね」という祖母の言葉だった。デカセギ帰国者の多くが直面する「自分はナニ人か」という煩悶を考えると、沖縄の風土のユニークさがよくわかる。

家系図を頼りに家族史をたどる

移民一世と日本の兄弟の関係を基本に考えると、子ども世代の関係はいとこ同士、孫世代は「またいとこ」同士だ。ウチナーンチュ同士だと、さらに遠い関係でも、つながりを築く人たちがいる。琉球大学大学院で言語学を学ぶハワイ四世・真栄里《まえさと》サマンサと親戚の関係がそのケースだ。

きっかけは二〇一七年二月、『琉球新報』に載った記事だった。那覇市で開かれた「第三十四回外国人による日本語弁論大会」で、サマンサが最優秀賞に選ばれた。記事はそのことを伝えていた。簡単な自己紹介のあと、サマンサはこう語った。

私のひいおじいさん、ひいおばあさんは、勝連平敷屋《へしきや》の真栄里武善と前兼堅《まえかねけん》かめ、浦添屋富祖の山城山戸と西原うし、浦添城間の津波せいたと津波うし、具志川兼箇段の島袋かまろうと横田うと、この八人です。百十年以上前にこの八人が沖縄を離れてハワイに渡りました。残念なことに、私はこの八人に会ったことがありません。沖縄のことや家族のこと、沖縄を離れてどんな気持ちだったか、どんな苦労をしたのか、知りたいことが、たくさん、たくさんあるのに、天国に行ってしまった今では、聞くことができません。

このニュースに驚いたのが、そのとき九十歳だったうるま市勝連平敷屋の兼堅トヨの家族だ。記事にある「前兼堅」は屋号。一族の姓は兼堅である。しかも、記事にある「前兼堅かめ」、つまり兼堅カメという名前は、トヨの姑にあたる故人と同じだった。

一家を訪ねると、トヨの長男の妻・初子が、金属メッキした家系図のボードを取り出して、私に説明してくれた。いまは亡きその夫が、家族史に強い興味を持ち、生前に作成したもので、そこには「カメ」という片仮名表記の名があった。

ちなみに一家が住む平敷屋集落は勝連半島の先端部、兼堅家は小高い丘の上にあり、その裏手の公園からは米海軍基地ホワイトビーチを見下ろすことができる。第5話で紹介した、ハワイからの豚は、ここから荷揚げされた。

「記事を見て真っ先に思ったのは、まさかこのカメさんに我々の知らない子どもがいたのでは、ということでした。昔ならあり得たことかもしれませんよね」

初子の次男、三十七歳の保険会社員・哲《さとし》の冗談めかした言い方に、初子は噴き出した。

「勝連平敷屋の前兼堅かめ」が一族の人であろうことはほとんど間違いなく、哲は琉球大学卒業の同僚を通じて連絡先を得て、サマンサをこの家に招待した。

結果的に、家系図の「カメ」は無関係だった。サマンサの曽祖母は「同姓同名の別人」。その人は家系図上、もう一世代上にいた。明記された「カメ」から見て舅の妹にあたる。調査しきれなかったためか、男尊女卑の習慣か、この代の四兄妹は蒲太と助志という男性にしか名前がなく、ふたりの妹は嫁ぎ先のほか(長女)、(次女)としか表記されていない。

真栄里家に嫁いだとされるこの(長女)こそ、サマンサの曽祖母であり、そのことはサマンサが入手した真栄里家の戸籍から確かめることができた。

ハワイサイドでも、こうした家系図を調べる人はいるのだろうか。同席したサマンサにそう問うと、カバンから横長の紙を取り出した。そこにはアルファベット表記の四世代数十人の名が記されていた。サマンサは十一歳のとき、母親に連れられて沖縄を初めて訪問した。当時、沖縄には母親のおじにあたるハワイ二世がいた。米兵として沖縄に進駐し、この土地が気に入ったのか、退役後も沖縄で暮らし続けた人だった。サマンサと母は、この親戚の家を訪ね、他の縁者も集まって歓待を受けたという。

父方の曽祖母・兼堅かめの生家を訪問する真栄里サマンサ(中央)．右隣はかめの兄・蒲太から５代目になる哲，左隣はその母の初子(2018 年 5 月 19 日，筆者撮影)

この旅は母親にとっても初めての沖縄訪問で、以後、サマンサの両親は家族史を熱心に調べるようになった。サマンサのルーツへの関心も、多分にその影響を受けたらしい。

家系図のプレートを眺めながら、雑談を交わすうち、話題はサマンサの曽祖母の兄、蒲太と助志へと及んだ。初子から見ても三代前になる先祖だが、初子はふたりのツーショットが残っていると言い、セピア色の写真を取り出した。

「あ、これ、同じ!」

サマンサがそう叫んで手持ちの本の写真を指差した。平敷屋の歴史を綴った集落の『平敷屋字誌』。そこには四兄妹の次男・助志の人物紹介が綴られていた。

小学校四年を卒業し、明治四十年ブラジルに渡航、同四十二年米国へ。大正六年メキシコへ移住。大正七年帰国して、勝連村議会議員を務めた。

「えっ本当？　この本はウチにもあるんだけど、読んだことなかったわ」と初子が声を上げた。海外での見聞にヒントを得たアイデアだったのか、『字誌』には、この兼堅助志という人物が帰国後に乗合自動車の事業を始めたことも記されていた。

一族にはサマンサの曽祖母に先立って海外に雄飛したこんな人もいたのである。

哲は言う。

「正直な話、世界のウチナーンチュ大会とかやってても、自分とは無関係、他人事だと受け止めていました。でも、サマンサと出会って感覚がだいぶ違ってきましたよ」

そして卓上の英語版家系図を指差して、「ハワイには、こんなに親戚がいますからね」と笑った。

世界若者ウチナーンチュ大会

私が本書の構想を得たそもそものきっかけは、第六回世界のウチナーンチュ大会を見たインパクトにあった。南米に住み、各国日系社会を取材した体験に照らしても、移民時代がほぼ終わって半世紀になるこの時代、海外移民やその子孫とこれほどのつながりを保つ県は他にはない。

そんな衝撃から沖縄移民をめぐる歴史を追ってきたわけだが、各国の日系コミュニティ同様、ウチナーンチュ社会も先細りの傾向にあることは否めない。

だが沖縄系の場合、そうした潮流に抗おうとする挑戦も現れている。その代表的な動きが二〇一一年、第五回大会に合わせて七か国七地域の代表が集まった「世界若者国際会議」であり、それを母体に翌年から続いている年一回の「世界若者ウチナーンチュ大会」だ。

ブラジル大会に始まり、アメリカやドイツ、フィリピンでの大会などを経て一八年、ペルー大会に至るまで「世界若者ウチナーンチュ連合会」代表理事を務めたのが、玉元三奈美という女性だ。一八年三月末で代表を後進に譲った彼女が、現在は南米ボリビアに暮らしていると聞き、ネット電話・スカイプで連絡を取ってみた。

私は、第六回世界のウチナーンチュ大会の規模や熱気にとどまらず、この大会で一般県民の温かい反応を街のあちこちで見たことも驚きであった、と説明した。

「その五年前、第五回大会からの流れだと思います。私自身も含め、多くの県民がそれまで移民の歴史を学んでいなかった。第四回までは「ハコモノの大会」と呼ばれていて会場は宜野湾のコンベンションセンター(巨大会議施設)だったのです。海外の参加者だけが集まって、沖縄の人は親族さえ入ることができなかった。それが第五回から野球場での開かれた大会になりました。「次世代への継承」と「県民への周知」というふたつの課題のうち、「県民への周知」は、こうして成果が出てきたと思います」

大学で観光プロジェクトを学び、一一年、「世界若者国際会議」の事務局長を任された三奈美だが、それまで海外移民への知識はゼロに近く、ウチナーンチュ大会の存在さえ知らずにいたという。

未知の世界に飛び込み刺激された彼女は、各国の事情や歴史を学びながら「若者大会」の活動の先頭に立ってきた。それでも、海外コミュニティにおける「次世代への継承」は〝永遠の大テーマ〟で、有効な打開策は未だ見いだせずにいるとのことだった。

「中心メンバーも一、二年で替わってゆきますし、議論が深まるか、と言えば、なかなか難しい。それでも、この活動には新しい発見が常にあり、そのことが大きなやりがいになっています」

プライベートな面に話を広げれば、三奈美にとって活動の最大の収穫は、人生の伴侶との出会いだったに違いない。相手はボリビアから活動に参加していたウチナーンチュ。そう、彼女はこの青年と国際結婚してボリビアに移り住んだのだ。現在は「安里」という姓になっている。

移住先はサンタクルス州のオキナワ移住地。第3話で紹介した、あの開拓地に嫁いだのである。沖縄からお嫁さんがやって来た。きっと移住地は大騒ぎだったに違いない。

「そうですね。確かに大騒ぎでした」と三奈美は笑う。

「何年か前に沖縄から嫁いできた人もいるし、さかのぼれば先輩は他にもいるんですけどね」

今日もなお、日本語で生活してゆけるオキナワ移住地の環境は、全世界の沖縄コミュニティでも特異な存在だ。それでも進学や仕事のため、サンタクルス市に移り住めばスペイン語の暮らしになり、「次世代への継承」はボリビアでも他人事の課題ではない。実際、移住地の小・中学校では近年、児童・生徒数が減少傾向にあるという。

「それでも、ここではゆっくりと時間が流れます。とても暮らしやすいですよ」

蛇行する大河のように

新世代を対象とする取材の締めくくりに、私が訪ねたのは、沖縄市の中心部にケーキ店を営むペルー三世の呉屋譲二だった。

来日はペルーが未曽有のハイパーインフレーションに苦しみ、左翼テロも横行した時代、一九八七年のことだった。リマ市内で写真店を営んでいた父親は商売が立ちゆかなくなり、大学を出たばかりだった譲二は日本へのデカセギを決断した。ちなみに彼が卒業した国立農科大学の数学教官は、のちに大統領となるアルベルト・フジモリだったという。

譲二のあとを追うように、両親や兄弟も日本へのデカセギに加わった。やがて両親は本土から沖縄へと移り住む。母親の焼くシフォンケーキを父親が移動販売する商売で、店舗を持つまでに成功した。

本土で六年ほど働いた譲二も、バブル崩壊のあと、両親のケーキ店経営に合流した。

「ボクの場合、本土の人たちとも友だちになれたし、向こうを嫌だとは感じませんでした。それでも沖縄では、ほっとする。自分のふるさとに帰ってきた気がするんです」

私は二年ほど前にも彼と会っていた。初対面は那覇市内。栄町市場に存在した、あの南米風酒場「SUDAKA」でのことだった。

沖縄の移民史を調べたいのなら、自由民権運動から学ぶ必要がある。そんな言葉で私を導いてくれた金城艶子の店だ。私がまだ沖縄移民史の探究など微塵も考えなかった時期、この店でひとり南米風パイ料理を味わっていた客が譲二だった。私のペルー居住歴を知るとその話で盛り上がり、艶子と三人で日本語とスペイン語ちゃんぽんの雑談を長時間交わした。

聞けば、譲二は「SUDAKA」の常連だったわけではなく、訪れたのは三、四回。自分のケーキを買ってもらおうと、営業でしらみつぶしに歩いたなかの一軒に過ぎなかったという。

「ただ、あんな小さな店なのに、あのおばあさんはずいぶんたくさん買ってくれた。申し訳なくて、こっちも客になり、料理を食べたんだ」

私は、ふたりがもっと親しい間柄と思い込んでいた。

「この人はペルーからやってきて自分でケーキ屋を開くまでになった努力の人なんだよ」

そんなほめ言葉で艶子が譲二を紹介してくれたからだ。

しかし、私が艶子から移民史を学ぶ直前に、彼女は病に伏し、約五か月後に亡くなってしまった。

「そうなんだ……」

しばらく栄町に行っていない譲二は、訃報を知らなかったという。

私はあれ以来、自分なりにたどってきた〝移民史の旅〟について語り、譲二は自身の祖父の思い出など、家族史への思いをさまざまに語った。

「でもそういった話をさ」

譲二は胸の前で両手を向き合わせ、くねくねと下におろす動作をした。意味はすぐ伝わった。さまざまに曲折を経た移民たちの長い歴史を表現しているのだ。

「それら全体をひとつの流れとして見たら、これはすごい物語だよね」

ハワイに始まって、ペルーやブラジルなど、あちこちに蛇行しながらも、途切れずにつながってきた大河のような物語。譲二の思い描くイメージが手に取るようにわかった。

それこそがまさにこの一年半、私が感じ続けてきたことだったからだ。

おわりに　同じ空の下で
——還り来るアイデンティティー

本書の冒頭で述べたように、私は二〇〇〇年代前半、南米の日系社会を知るために大陸各国を歩いた。そもそもの関心は、バブル時代、全国紙の記者として来日する外国人労働者の急増という社会現象を追うなかで芽生えたものだった。かつては日本にも、国外に移民を送り出していた時代がある。バブル期の来日労働者には、父祖の地に帰ってきたデカセギの日系人もいた。

異文化との摩擦を恐れずに、生きるため国境を越え、異なる人生の舞台を選択した人々。私はそんな観点から労働者の往来に興味を持ったのだ。

新聞記者として、とりわけ深くかかわったのが、一九五〇年代後半、カリブの島・ドミニカ共和国に送られて辛酸をなめた日本人のことだ。

あくまでも民間事業だった戦前移民に対し、戦後移民は〃国営〃の事業だった。募集や斡旋を行った主体は、外務省と日本海外協会連合会（海協連）。しかし、その移住地選定はずさん極まりなく、現地入りした移民が劣悪な環境に放り出される事例が相次いだ。

ドミニカのケースは、その最たるものだった。政府の担当者は地図でしか予定地を見なかった。農地の無償譲渡を前提とした募集だったのに、農作物が育たない石だらけの乾燥地に送り込まれたり、約束の半分以下の土地しか配分されなかったりして、移民たちはたちどころに困窮した。

約千三百人の移民の八割は六一年、日本政府に嘆願して国援法の適用を受け、着の身着のままで帰国した。現地日本大使館の説得に応じ残留した少数派も、その後、期待した支援がないことを不服として、ついには二〇〇〇年、日本政府を提訴した(二〇〇六年、政府の謝罪と見舞金支給により和解)。私が二度にわたりドミニカを訪ねたのは、裁判が始まる十年近く前、残留移民の抗議が本格化したころだった。

似た問題は、ブラジルのアマゾンやボリビア(サンファン移住地)への戦後開拓移民にも見られた。

「日本の移住政策には、移民のための適地、という視点がありませんでした。受け入れ先があれば、相手国に言われるまま移民を送り出す。そんな〝どこへでも主義〟だったのです」

海協連職員としてブラジルやボリビアへの移民団に随行し、その後、移民問題の研究者に転身した若槻泰雄・元玉川大学教授は、私にそう説明した。

ドミニカ訴訟では原告側の証人に立ったが、弁護団によれば国側は〝尋常ならざる執拗さ〟で、若槻の証言を阻止しようとしたという。それほどに彼は戦後移民政策の内実を知り尽くした人だった。

「アマゾンへの移民は開始してわずか二年で応募者が一割以下に減りました。奥深い密林に入植した移民が音信不通になる。手紙が届いても泣き叫ぶようなものばかり。そうやって現地の惨状が国内に伝わっていったのです。私自身、アマゾン訪問時には行く先々で移民から罵声を浴びました。奥地で孤独に耐え、密林を切り拓いても、土地は痩せ細り農業には適さない。そもそも現地の住民に野菜を食べる習慣がなく、収穫物を売ることもできずにいた。いったいなぜ、こんな場所に、と移民たちが怒るのも当然のことでした。なかには醒めきった表情で「故郷にはいいことだけ書き送り、みんなをこの地獄に送り込んでやりますよ」と語る青年もいて、ぞっとしたものでした」

「十数年後にアマゾンを再訪したときは、さらにひどかった。みなやつれ果て、もはや怒鳴る人もいない。渡航時に、はつらつと希望を語っていた夫婦は、夫と娘だけが土間の掘っ立て小屋に残されていました。この夫はまだ若いのに歯をほとんど失い、能面のように無表情になって、逃げ去った妻への恨みごとを呟いていていました」

そう、ドミニカの事例を入り口に私が学んでいった移民史は、日本が経済成長を成し遂げてゆく傍らに存在した陰の部分、「棄民」という言葉に表される裏面史であった。ドミニカのルポを新聞で報じると、ボリビア・サンファン移住地の関係者から手紙が来た。「ボリビアも同じ。ぜひ取材に来てほしい」と書かれていた。

人口減少が続く今日では、想像もできないが、明治から昭和にかけ、日本は人口の過剰に苦しむ国だった。戦前から推奨され、戦後、政府自ら手掛けた移民政策は、体のいい〝口減らし〟だった。第一回の芥川賞受賞作、石川達三の『蒼氓《そうぼう》』でも、貧困から逃れるためブラジルへと旅立ってゆく戦前移民の悲哀が描かれている。

もっとも私自身、南米で数々の移民と交わった経験から言えば、当の移民たちは「棄民」という表現を好まない。自分たちは自らの意思で南米に来た。その選択に後悔はない。たいていはそう答えた。「住めば都だ」という言葉もしばしば耳にした。

ただ、一部の成功者を除けば、その口ぶりは、半ば自分自身に言い聞かせる諦念のように聞こえた。泣きごとを言っても仕方がない。問題はあったにせよ、結論としてはこれで良かったと思うしかない。本音はそんなところだろう。人間だれしも、自らの生涯を愚かな選択で失敗した人生、などと総括したくないのである。

実際、打ち解けると口ぶりが一変し、恨みつらみを語って止まらなくなる人もいた。そうやって〝心の堰〟が決壊することを、移民たちは恐れたのだ。

「棄民」という側面は、あくまでも移民史の全体構造を語る際の視点であり、生身の個々人に向けて発すべき言葉ではない。私はそう学んだ。

沖縄移民のおおらかさ

しかし、その「棄民」という切り口から見た場合、沖縄出身の移民たちは何とも〝捉えどころのない人々〟であった。私は居住するペルーから隣国ボリビアのオキナワ移住地に足を運ぶなかで、そのことに気づくようになった。

ペルーにいる沖縄系の人々は、一世が抱いた微妙な心のひだまではもはや知り得ない次世代になっていた。しかし、オキナワ移住地で出会ったのは、米軍統治下の沖縄からやってきた第一世代の移民たちだった。

同じサンタクルス州内には、本土出身者の〝姉妹移住地〟サンファンが存在する。海協連の初代サンファン支部長は、あの若槻泰雄だった。本土移民にとってこの土地が、ドミニカやブラジル・アマゾンと匹敵する〝棄民の地〟であったことは、彼自身が詳細に書き残している。私も老移民の証言を直接聞いている。

ところが、約八割もの入植者が離散して、似た状況にあったオキナワ移住地の人々には、怨嗟の陰影が見られなかったのだ。彼らにとって〝故国〟は、本土復帰前の沖縄。移住事業の責任者は、琉球政府と米軍だった。事前の説明と現地の実情は、かけ離れていなかったか。貧乏くじを引いてしまったと、悔やんだことはなかったか。私は繰り返しそう尋ねた。第一次・二次移民には、「うるま病」による犠牲者も出ているのだ。

もちろん、このオキナワ移住地も海協連の支援を受け一九八〇年代以降、見違えるような農業先進地に発展した。それでも、人々は入植から十年、二十年という間、大蛇や危険な昆虫のいる原始林に人力で立ち向かい、泥水をすする生活を堪え忍んだのである。

オキナワ移住50周年で表彰を受ける高齢の一世たち(2004年8月，筆者撮影)

にもかかわらず、人々はほぼ例外なく、穏やかな笑みを浮かべ、私の問いかけを否定した。そこには、あと付けで自らの来し方を肯定するような虚勢や〝強がり〟は、微塵も感じられなかった。

「あの時代、沖縄にいたって仕事もなく、食うや食わずだったのは同じ。自分たちだけがひどい目に遭ったとは思わないよ」

いまでこそ、これこそが沖縄人らしい感覚だとわかるのだが、あの当時は人々の達観したような寛大さが、果たして本音なのかどうか、私には判別がつかなかった。

移民観の違い

では、本土出身の移民と比較して、沖縄移民をめぐる環境は果たして何が違うのか。本書では計十話の物語で、その背景を探ってきた。改めて論点を整理するうえで、ぴったりの資料がある。

一九八〇年発行の『新沖縄文学』四十五号。この資料は、第2話で『眉屋私記』の著者・上野英信、第4話で『ノロエステ鉄道』の著者・大城立裕の談話を引用する際にも使っている。「沖縄にとって移民とは何か」と銘打った三十六ページにも及ぶ長大な座談会記事が掲載された雑誌だ。

司会は沖縄現代史研究者の新崎盛暉《あらさきもりてる》で、出席者は上野と大城のほか、琉球大学講師（経済学）の小松勝と沖縄県沖縄史料編集所主任研究員の西原文雄。小松はペルー移民だった両親のもと、日米開戦後ペルーからアメリカの強制収容所に送られた体験を持つ人だ。

沖縄移民には、「棄民」という位置づけがそぐわないように思われる――。

そんな私の印象に関連して、第2話でも引用した部分だが、上野がこう語っている。

沖縄の場合、親兄弟や一門の中から移民として海外へ出て行っていることが、じつに明るく、さわやかに語られているような気がします。私のような見ず知らずのヤマトンチュが訪ねて行きましても、まことに淡々と、しかも生き生きと話してくださるのです。ところが本土の場合ですと、まったく反対です。よっぽど大成功して錦を故郷に飾ったというような場合は別として、よほど親しい関係でない限り、ひた隠しに隠そうとします。一家から移民を出したことは、まるで非常に恥ずかしいことであり、他人に知られないようにしたい恥部という感覚が濃密です。そのあたりが、沖縄と本土との移民観みたいなもののいちばん決定的な違いであるように、思われてなりません。移民が一方にとっては光であり、一方にとっては闇ですね。

比較対象となる本土移民の知識がないウチナーンチュの出席者には、意外な指摘に聞こえたようだったが、本書の取材中、私自身も同じことを感じていた。ごく少数の例外を除いて、沖縄で会った人はみな、移民に出た親戚縁者の話をオープンにしてくれた。なかにはさらなる縁者を探し出してくれる人までいた。ありがたいことだった。

この背景には、人付き合いにおける沖縄の「ヨコの関係」と本土の「タテの関係」の違いもあるような気がする。本土の人間関係では、他者からの視線や評価をどうしても意識する。初対面の相手とは、慎重に間合いをはかりつつ、自分と対等か、上か下かを見極めたうえで関係を落ち着かせる。

たとえば故郷を発つ際に、日の丸に寄せ書きをもらい、盛大な送別会までしてもらった場合、本土出身の移民は、挫折してすごすごと引き揚げる屈辱にはなかなか耐えられない。成功でも失敗でも家族友人が再会を喜んでくれる沖縄では、帰国という決断に、そこまでの〃敷居の高さ〃はない。

上野はこんな逸話も語っている。沖縄の子どもたちに「どこから来た」と問われ、福岡と答えると、地名を知らない子どもらはピンと来ない表情で、「ペルーとどっちが遠いの」「ハワイより遠い所？」と問い直してきたという。

大城は「〔子どもたちにとって〕沖縄から一歩出るとみんな等距離なんだなあ」と漏らし、上野もまた「私たちが本土で描く世界地図と、沖縄の人たちが描く世界地図とは、まったく違った地図ではあるまいかと思ったりします」と応じている。

三つの論点

座談会の〃本筋の議論〃では、新崎が三つの論点を示している。ひとつは移民が生み出された背景をどう考えるか、という点だ。

二点目は、移民にまつわるイメージの変遷。新崎の感覚では、一九五〇年ごろまで沖縄での移民のイメージは明るいものだったが、その後、革新系の識者から「棄民論」が語られるようになり、ネガティブな見方が広がったという。だが前述したように、戦後のボリビア移民でも、当事者に〝棄民〟的な被害者感情は見当たらなかった。送り出す側の雰囲気に変化があったなら、あくまでも〝本土ふうの移民観〟に引きずられた感覚に私には思われた。

三つ目の論点は、移住後の意識についての話である。新崎は移民のアイデンティティーや「勝ち負け問題」について、この三つ目のパートで論じることを提案した。

最初のテーマでは、小松がまず「〔移民の発生を〕貧困だけで説明するのは一面的」だとして、そこからの脱出を可能にした「土地整理」の重要さを指摘した。第1話で触れたが、集落全体による共有が一般的だった土地制度が日清・日露戦間期に改められ、個人の土地所有が認められた。徴税の促進を目的とした改革だが、このことが個々人の土地処分を可能とし、「移動の自由」につながった、という見方である。他にもさまざまなポイントが指摘された。

上野は本土の場合、農家の次男、三男が移民となるケースが多いのに、沖縄では圧倒的に嫡子の移民が多いこと、西原らは集落の富裕層に属する移民が多いことに言及した。大城は、長男の移民は「腰掛的な出稼ぎ」という当時の意識から説明できるとし、富裕層の多さは徴兵忌避の動機が大きかったのではないか、と推測した。

上野は『眉屋私記』で取材したメキシコ移民を例に挙げ、契約労働の移民が「タコ部屋的な環境」に置かれながら巧みに情報を交換し、「より金になる国へ国へと流れ渡っていきます」と、移民たちの行動力に驚いたことを紹介した。

小松が想像を広げた。

〔沖縄が日本という〕新しい国家になってしばらくの時期ですから、当時の人は今の人に比べて、たとえば一つの国家に住まわないといけないという意識は、ずっと弱かったんじゃないでしょうか。

大城はこんな話もした。

沖縄を出る時は、外国へ出ればヤマトンチュからいじめられないですむ、バカにされないですむと思って行ったところが、向うでもヤマトンチュがいて、同じことがあったという事情があったんじゃないかと思いますね。（略）出る動機の一つに、それ〔ヤマトンチュを忌避する感情〕もあったんじゃないかなあということです。

戦後の「棄民論」の広がり

ふたつ目の論点とされた戦後の棄民論の広がりに関しては、新崎が自身の認識をまず説明した。

ぼくたちが沖縄問題に実践的にかかわってくるのは〔一九五六年の〕土地闘争の頃からなんですが、そのころに土地を取られてボリビアへ叩き出されるように移民が出ていく……そういうものとして、移民のイメージを〔最初に〕持っていたわけなんですね。

新崎はボリビア移民とほぼ同時期にあったブラジルへの伊佐浜移民を混同しているが、言わんとしたことは、戦後世代は移民をまず棄民的なイメージで受け止めたあと、戦前移民のポジティブなイメージを知って意外さを覚えた、ということだ。

〔さかのぼって調べると〕一九五〇年の群島知事選挙で瀬長〔亀次郎〕さんが、移民政策にひじょうな期待をしている。〔私は〕ある意味で、ひじょうにショックを受けたわけです。ボリビア移民が出るちょっと前、わずか数年前に、そういうバラ色の発言をしているのを見て、ぼくには、たいへん印象的だったんですよ。

瀬長亀次郎は米軍統治時代、カリスマ的な人気を持っていた沖縄人民党(のちの日本共産党)の政治家だ。実は瀬長家でも亀次郎の幼少期、父親がハワイへ行き、出稼ぎ移民として働いた時期があるという。新崎の言うイメージの変化は、他の論者にも一般論として受け入れられ、「ボリビア移民以前」、人々はある程度成功して帰国した人の姿しか見なかったために、海外移民に表層的な「バラ色のイメージ」を抱いたのだろう、と推察した。

ハワイのサトウキビ移民であれ、歩いてアンデス越えまでした「ペルー下り」であれ、現実には戦前移民にも壮絶な労苦は多々あったが、故郷で仕送りを受けていただけの家族や縁者には、知り得ないことだったかもしれない。それでも私には、現地で味わった労苦や経済的事情だけを基準に「棄民」とする見方には違和感がある。棄民とは、それ以上に故国にいる〝送り出す側〟との関係性を示す言葉だと思うからだ。

移民の意識形成

移民の意識というテーマでは、議論はやはり「勝ち組」に集中した。ここでは大城が『ノロエステ鉄道』に描いた「徴兵忌避と勝ち組」という、一見相反する要素が組み合わさる心理について説明した。

大城は、ハワイ・アメリカ移民に多かった社会主義者の存在も念頭にこう語っている。

沖縄県出身者ということで本土出身者から差別され、それに反発して、さらにその反発が突き抜けて、自分たちは立派な日本人なんだ、沖縄出身者としていばる前に、自分たちも日本人なんだということで、日本人としてのアイデンティティーを主張する。それがこうじて〝勝ち組〟になり、そのちょっとズレた現われ方で、北米合衆国における社会主義運動への傾斜があったんじゃないかと思いますがね。

本土移民と比べてみた場合、沖縄移民のほうが積極的に現地に溶け込んでゆく傾向があった、という話も出た。

上野は「言葉〔の習熟〕よりもむしろ、現地の人たちとの裸のつき合いによって得た人間的信頼の成果だろう」と述べ、ブラジルのボリビア国境近くに住み、オキナワやサンファンの開拓から脱落した密入国者を親身に世話していた沖縄移民の例を紹介した。

大城も「〔そういう私設外交官みたいな人を〕いく人か知っている」と明かし、「沖縄人は日本人社会の中ではかなりひがみも出てマイノリティーなんだけれども、現地人社会の中では決してマイノリティーとしてちぢかんでいない」と強調した。

やり取りはこう続いた。

上野　〔移住先で沖縄出身者は〕ひじょうに伸び伸び自由に泳いでいらっしゃるというか、生きてらっしゃいますね。それだけはほんとに感心しますね。

大城　だから本土出身者のいないところにいる沖縄人は幸せかもしれませんね。

新崎　そういう国際性、開明性みたいなものがあるんでしょうかね。

つながり合う糸

移住先に骨を埋める考えなど持たずに渡航した戦前移民たちは、時に国境を越えて大胆に移動した。座談会でも指摘されていたが、「大日本帝国臣民」という立場を得て間もなかった彼らは、もしかしたら本当に、国境を意に介さなかったのかもしれない。

そして移民たちは同じウチナーンチュ同士、居住国が違っても連絡を取り合って、世界にさまざまな「糸」を張り巡らせていった。「土地整理」で手にしたなけなしの土地を元手にして、貧困からの脱却を夢見たり、日露戦争の戦死者の多さに恐れおののいたり、明治期に沖縄を襲った社会の激変は、無数の人々を移民という冒険に導いた。

凄惨な沖縄戦、米軍統治による抑圧などその後の激動も、海外のウチナーンチュに多大に影響した。日本という枠組みを逃れても付きまとう差別問題も存在した。勝ち組負け組の問題は、そうした構造とも深くかかわるものだった。

こうしてどの国の沖縄人社会でも、一世が中心にいた一九八〇年前後まで、故郷沖縄との関係を密接に保ちつつ、コミュニティの歴史を重ねていったのだ。

『琉球新報』ＯＢの三木健は、一九八四〜八五年の同紙大型企画「世界のウチナーンチュ」の取材班メンバーにも名を連ねた。その後、保守系知事・西銘順治がこの企画に着想を得て、「世界のウチナーンチュ大会」を九〇年に始めたいきさつは、前述したとおりだ。

三木は新聞企画「世界のウチナーンチュ」のアイデアが生まれた背景をこう説明した。

「六〇年代にあれほど盛り上がった本土復帰運動が、七二年、(米軍基地を残したままの復帰という)がっかりする結果となり、それ以降、県内には沈滞ムードが漂っていたんです。そこで、何か元気が出る企画を、ということで、あの連載が生まれました。世界を見渡せば、ウチナーンチュの活躍も(ヤマトンチュに)決して負けていないじゃないか。そのことを広く知らせようと」

結局のところ、私が目撃したウチナーンチュ大会の高揚は、明治以降、本土から常に強大な「圧」を受けながら、世界という舞台に水を得て躍動し、成果を積み上げてきたウチナーンチュ同胞の足取りに、沖縄と国外双方の人々が胸を熱くする、その記憶と感情の共有に支えられたものだったように思う。

沖縄県によれば、世界に広がるウチナーンチュは推計四十二万人。日系人の総数の約十一パーセントを占めるという。

もちろん海外沖縄人社会の結束も、世代交代が進むにつれ、薄れてゆく傾向にあることは日系人全体と同じである。だが県内・国外双方から、それに抗う動きもある沖縄系の場合、その存在は決して日系社会のなかに埋没することなく、それどころか、「日系」全体のつながりより、強固に生き長らえてゆく力があるように、私には思えるのだ。

最後に二〇一八年の秋、本書の下敷きとなった月刊『世界』での連載が終了したあとに現れた動きにも触れておこう。

新知事誕生に広がった共感

九月三十日、翁長雄志・前知事の急死に伴う沖縄県知事選で、前自由党衆議院議員・玉城デニーが、自民・公明中央が全面支援する候補を打ち破り、〝反辺野古の闘い〟を継承するリーダーに選ばれた。

選挙中、デニー陣営の公式サイトには、候補者の「生い立ち」をデニー本人の語り言葉で紹介する文がアップされた。


父親は当時基地に駐留していたアメリカ人で、僕が〔母の〕お腹にいる時に帰国命令が出てアメリカに帰りました。母は僕が生まれた頃にはまだ僕を連れて渡米するつもりだったそうですが、いろいろと考えて、僕が二歳の頃に、「沖縄でこの子を育てていく」と決意しました。渡米しても苦労も多いだろうという周囲の説得もあったみたいですね。

当時の沖縄でシングル・マザーとして僕を育てていく、というのは並々ならない決意ですから、その時に母は父の写真も手紙も、全部捨ててしまったそうです。だから僕は父の顔もどんな人なのかも全然知りません。


基地に駐留するアメリカ人だった父親――。別の場では「米海兵隊員」と、より具体的にデニーは明かしている。

母親がもし、第9話で取り上げた女性たちのように、「米兵花嫁」となる選択をしていれば、デニーは〝父の国〟で沖縄系アメリカ人としての人生を歩むことになったかもしれないのだ。

政権による辺野古の埋め立て着工が迫り来る情勢下、デニーは当選した翌々月の十一月十一日から十六日、知事としての初訪米に踏み切った。米政府の反応は冷ややかだった、とされるものの、行動的な新知事の登場に刺激され、アメリカ国内にささやかだが新しい動きの萌芽が出現した。

「世界にたくさんいるウチナーンチュのネットワークも使ってぶつかりたい」

訪米前、日本記者クラブの会見で、デニーが口にした言葉へのリアクションだった。

計九人の沖縄系アメリカ人と米国在住県民が発起人となり、「玉城デニー沖縄県知事を支持する世界のウチナーンチュによる声明」を発表し、〝世界の同胞〟にネット署名を呼びかけたのだ。そこには三か国語でこんな文言が見られた。

玉城知事の辺野古新基地建設反対は、沖縄県民の五十八・二％の民意を代弁したものであり、反米感情ではない。玉城知事の父親は沖縄に駐留していた米海兵隊員であり、知事の存在自体が米国と米軍基地に絡み合うものだ。（略）
玉城知事の多様な生い立ちは、多くのウチナーンチュ、そして「純血」の概念に抵抗する沖縄ディアスポラ〔離散民〕の人々に共感を広げている。日本の同化政策により、多くのウチナーンチュが政治的イデオロギーに縛られてきた。ウチナーンチュとしての立場性を主張する難しさを海外のウチナーンチュも感じている。玉城知事はこうした阻害要因を取り除きうる存在だ。（略）

一八九九年、日本政府による土地の地割に促された当山久三を先頭とするハワイ移民を皮切りに、ラテン・アメリカ、フィリピン、南洋諸島への移民、また、一九二〇年に「ソテツ地獄」〔毒性のある植物ソテツまで食用にせざるを得なかった食糧難〕と知られた沖縄の砂糖産業の崩壊のさなかに海を渡り、米軍によって計画された戦後のボリビア移民まで、沖縄はディアスポラ〔離散〕を通じた繋がりを維持しながら、故郷の家族に送金し、物資を送り援助した。移民は現在では沖縄の一部だ。（略）沖縄県の人口百四十万人に対し、世界のウチナーンチュは四十二万人に達している。（略）

世界のウチナーンチュへ：沖縄を守り、私たちの未来と次世代の未来のため、玉城知事と歩みをともにしようではないか。

訪米中、ニューヨーク大学で開かれたデニーの講演には、在米県人と沖縄系米国人を中心に約百四十人の聴衆が集まり、その訴えに耳を傾けた。司会・通訳を務めたのは、沖縄系二世の同大学准教授で、署名発起人にも名を連ねた島袋まりあだった。

『沖縄タイムス』の取材に彼女はこう答えている。

私の義父はベトナム戦争の元従軍兵で筋金入りのトランプ支持者だが、熱心な玉城氏の支持者になった。これは反米というイデオロギーを巡る問題ではないからだ。

それから約ひと月後の十二月十四日、日本政府はついに辺野古への土砂投入を強行した。沖縄県の試算では、工事期間は十三年に及ぶ見通しだが、日本政府と沖縄県の対立はこうして新たなステージに突入した。

ハワイ発ホワイトハウス署名

するとこの直前、海外でまた新たな動きが現れた。沖縄では、辺野古基地建設の埋め立ての賛否を問う県民投票が二〇一九年二月二十四日に行われることが決まっていた。その結果が出るまでの間、工事を停止させるよう米政府に要求する、ホワイトハウス専用サイトへの署名の呼びかけ運動が始まったのである。

この呼びかけには、タレントのりゅうちぇるやローラ、世界的人気ロックバンド・クイーンのギタリスト、ブライアン・メイなどが次々と賛意を表明し、注目が集まった。

〝震源地〟はハワイ。現地在住のロバート・カジワラという三十二歳の男性が発案者だった。本土のメディアでは「日系四世」と報じられていたが、沖縄のメディアは「県系四世」と紹介した。

「梶原」という姓からは〝本土系の血〟の存在も推定されるものの、本人の自己認識は間違いなく〝ウチナーンチュ〟だった。そのことは、彼がユーチューブにアップしたメッセージ動画にも明らかだ。

「はいさいぐすーよー、ちゅーがなびら（みなさん、お元気ですか）。わんねー、ロバート・カジワラやいびん（ロバート・カジワラと申します）。ハワイからちゃーびたん（ハワイからお送りします）。わんねー、ハワイ・ウチナーンチュ四世やいびん（ハワイのウチナーンチュ四世です）。中城村《なかぐすくそん》字泊《とうまい》やいびん（中城村字泊です）。みしとぅてぃくみそーり、ゆたさるぐとぅ、うにげーさびら（お手柔らかにお願いいたします）」

英語での趣旨説明に先立って、ここまでの挨拶を島言葉《しまくとぅば》でしてみせたのである。

この特設サイトでは、一か月間で十万筆以上の署名を集めると、六十日以内に米政府から何らかの回答が受けられる。もちろん、米政府が工事停止を求める可能性は限りなく低いが、ホワイトハウスのサイトにキャンペーンの呼びかけが掲示されること、それ自体が辺野古問題の存在を広く世界にアピールする絶好の機会となる。

十万の目標署名数は開始から十日間で突破、一か月後の一月七日には二十万筆を超えた。

名護市辺野古にある米海兵隊基地キャンプ・シュワブのゲート前では、二〇一四年から新基地建設への座り込み抗議行動が続いている。一九年一月五日には、ロバート・カジワラともうひとりエリック・ワダという沖縄系四世がハワイからネット中継で座り込みの人々に激励のメッセージを送った。

最初にスクリーンに流れたのは、エリックの中継映像だった。

「一六〇九年の薩摩侵攻から沖縄は虐げられていますが、私たちの先祖は素晴らしい航海技術を持ち、さまざまな国と交易し、信頼される存在でありました。私たちの血のなかには琉球のアイデンティティーがあります。子どものころから教わった「責任感の大事さ」(などの価値観)をはじめ、島言葉や文化、歴史などが私たちの血のなかにあります。いまは私たちみんなが先祖と一緒になりアクションを起こすときです。これからも島のために行動してください。ホワイトハウス署名を通じアメリカと日本がいかに間違った行為をしているか、世界に知らせましょう」

この五日は、辺野古ゲート前で毎月第一土曜日に催される集会の日に当たり、新年第一回となるこの日の集会には、約一千人が集まった。そのなかには、米国シカゴから参加した沖縄系四世と五世の親子連れや、アイルランド在住の県出身女性もいた。

スクリーンにはやがて、ロバートが映し出された。

「みなさんの長年の行動には、心から感動しています。私が署名を始めたのは、みなさんの闘いを支援していることを示したかったから、そして世界中にどれだけ多くの人がみなさんのうしろにいるのかを示したかったからです。この署名が、みなさんの問題を解決するとは限りません。それでも私は、トランプ大統領や国務長官、国防長官、五百人を超す国会議員たちに手紙を書き続けています。アメリカ政府からの返事は必ず届きます。そしてもし、署名がいい結果にならなくても、私たちは決して諦めません。私たちはウチナーンチュだからです。私は琉球の神、祖先の加護を祈ります。みんなでウチナーンチュの魂を示しましょう」

年配者の多い集会参加者らは、〝血の団結〟を説く若い海外同胞のメッセージに心打たれた表情で、盛大な拍手を送っていた。

各国の参加者が交流した第６回世界ウチナーンチュ大会の閉会式(2016 年 10 月 30 日，筆者撮影)

以上が二〇一六年十月の「第六回世界のウチナーンチュ大会」以後、一旦は明治期まで時代をさかのぼり、再び現代へとたどってきた沖縄移民とその末裔の物語である。

私はそのさまざまな断片を、月刊『世界』一七年九月号から一八年八月号まで計十一回、「それぞれの出ウチナー記」という連載記事にした。上野英信の名作ノンフィクション『出ニッポン記』へのオマージュとして付けたタイトルだが、改めて考えると、沖縄の移民たちは郷土沖縄に背を向けて新天地を目指したのではなかった。

むしろその行動には、「出ニッポン」という題こそがふさわしかったのではないか。連載を終え、遅ればせながらそんな反省が浮かんだ。彼らが移民船に乗り、飛び出していったのは、息苦しく沖縄を覆う日本国という枠組みではなかったかと。

移民第一世代の多くがこの世を去り、昭和の終わりから平成にかけ、沖縄と海外ウチナーンチュ社会のつながりが薄れたかに見えた時期もあった。しかし関係者によれば、世界のウチナーンチュ大会が〝開かれた大会〟となった第五回大会(二〇一一年)から、これまでとは異質な〝うねり〟が沸き起こり、両者をまた結び付けるようになった。

私が一六年に目撃した第六回大会の高揚は、そんな流れを受けたものだった。あの大舞台で持ち歌を披露した演歌歌手・大城バネサは「世界中に移民した人やすでに亡くなった人、目の前にいる何倍もの人たちが、いま、この場所に集まっている感覚」に打ち震えたと語っていた。

年老いた移民たちが郷土の親族や友人と再会する。そんな〝一世の帰郷〟はほぼ終わりつつある。新世代にとっての沖縄は、郷愁の対象でなく、〝新たな発見〟の土地だ。

世界各国から還流する無数の魂が、ルーツの地でひとつのアイデンティティーを形づくる。そんな光景こそ、ここ数年、世界のウチナーンチュに〝新たな高揚〟をもたらしているイメージではないだろうか。

沖縄移民の軌跡を追う長い〝旅〟を終え、私はいま、そう感じている。

三山 喬

1961年，神奈川県生まれ．東京大学経済学部卒業．朝日新聞学芸部，同社会部記者を経てフリーに．2000年から07年にかけて，ペルーを拠点として南米諸国のルポルタージュ記事を各誌に発表．帰国後もルポやドキュメントの取材・執筆で活躍中．

著書：『日本から一番遠いニッポン――南米同胞百年目の消息』(東海教育研究所)
『さまよえる町――フクシマ曝心地の「心の声」を追って』(東海教育研究所)
『ホームレス歌人のいた冬』(東海教育研究所，のちに文春文庫)
『夢を喰らう――キネマの怪人・古海卓二』(筑摩書房)
『国権と島と涙――沖縄の抗う民意を探る』(朝日新聞出版)
『一寸のペンの虫――“ブンヤ崩れ”の見たメディア危機』(東海教育研究所)

還流する魂《マブイ》――世界のウチナーンチュ120年の物語

2019年4月18日　第1刷発行

著　者　三《み》山《やま》 喬《たかし》

発行者　岡本 厚

発行所　株式会社 岩波書店
〒101-8002 東京都千代田区一ツ橋2-5-5
電話案内 03-5210-4000
https://www.iwanami.co.jp/

印刷・法令印刷　カバー・半七印刷　製本・牧製本

ISBN 978-4-00-024535-7　　Printed in Japan
JASRAC 出 1903236-901

沖縄移民史年表

年	国　内	海　外
1879（明治12）	**4. 4** 沖縄県設置（琉球処分）.	
1885（明治18）		**2. 8** 政府間の協約による最初の「官約移民」（～1894）として本土移民944人がハワイ王国に渡航.
1898（明治31）	**1. 1** 沖縄に徴兵令施行.	**8. 12** アメリカがハワイを編入.
1899（明治32）	**1月ごろ** 謝花昇ら政治結社「沖縄倶楽部」を設立．沖縄で土地整理事業始まる（～1903）. **12. 30** 當山久三が募集した第1回ハワイ移民27人が本土移民641人とともに「チャイナ号」で横浜を出港.	
1900（明治33）		**1. 8** 第1回沖縄ハワイ移民26人がホノルルに上陸（1人は不合格）．米国の準州化でこの年，ハワイの「契約移民」は廃止，以後「自由移民」に.
1901（明治34）		第1回ハワイ移民から2人がサンフランシスコに転航．**6. 17** 平良新助が第1回移民の実情調査のためホノルルに到着.
1903（明治36）	この年，沖縄県民51人に初めて米本土への渡航許可（安里延『沖縄海洋発展史』1941年，付表外国渡航許可数調）.	**4. 6** 第2回ハワイ移民35人と當山久三がハワイに上陸（横浜での不合格者10人中5人は再検査で合格し，7月までに上陸）.
1904（明治37）	**2. 10** 日露戦争始まる．當山久三，帝国殖民合資会社・大陸殖民合資会社の業務代理となる.	この年，第3回ハワイ移民になる予定だった今帰仁村の四十数人を含む沖縄移民計360人が2便に分かれフィリピンに渡航，ベンゲット道路工事に従事した．事故や疫病で死者が多発．**7. 26** メキシコ1次移民210人がラス・エスペランサス炭鉱に到着，劣悪な環境に脱走者が相次ぐ.
1905（明治38）	**9. 5** ポーツマス条約で日露講和．仏領ニューカレドニアに渡航許可，年間計387人.	**1月** ベンゲット道路完成，沖縄移民の多くはダバオの麻耕地に.
1906（明治39）	この年，沖縄からの海外渡航許可数最多の4670人．96％の渡航先がハワイ.	**4. 18** サンフランシスコ大地震．在米沖縄移民の中心はロサンゼルスに．**11. 21** 沖縄初のペルー移民36人，カヤオに上陸．この年の秋，メキシコ1次移民から約30人がロサンゼルスに転入.

年	国　内	海　外
1907（明治 40）	カナダに初めて渡航許可，年間計 152 人.	**5 月**太田恭三郎，フィリピン・ダバオに太田興業を設立. **9.7** カナダ・バンクーバーで日本人街襲撃. **10.14** サンフランシスコで排日暴動.
1908（明治 41）		**2.18**「日米紳士協約」で，日本から米本土・ハワイへの移民を制限. **6.18** 日本から第 1 回ブラジル移民(沖縄県民は 325 人)，「笠戸丸」でサントスに上陸. 沖縄移民はコーヒー耕地 2 か所に配されるが，脱走者が相次ぎ，162 人はアルゼンチンへ. ペルーからボリビアへの「ペルー下り」増える.
1910（明治 43）		**7.30** ペルーで沖縄青年同志会結成. **10.25** メキシコ革命始まる(〜1917).
1911（明治 44）		このころからアメリカ移民の配偶者呼び寄せが増える.
1912（明治 45）	シンガポールに漁業移民など初の渡航許可 25 人. **5.15** 沖縄県で初の衆議院議員選挙.	ブラジル・ジュキア線の敷設工事(〜1914). 元工夫の沖縄人が沿線に定着.
1913（大正 2）	外務省，沖縄からのブラジル移民を禁止. アルゼンチンに初めて渡航許可 14 人. ジャワ，フィジー，ニューギニアにも.	**5.19** 米カリフォルニア州で，「外国人土地法」成立.「帰化不能外国人」の土地所有を禁止，借地権も規制.
1914（大正 3）		**5 月**ブラジルで，ノロエステ鉄道敷設工事が完了，東西の接合地点カンポ・グランデ市に工夫だった沖縄人の集住が始まる. **7.28** 第一次世界大戦勃発. この年，ボリビア・リベラルタで沖縄県人会が発足.
1916（大正 5）		**1.1** フィリピン・ダバオで沖縄県人会発足.
1917（大正 6）	外務省，沖縄人のブラジル移民解禁. **12.1** 移民会社 4 社が「海外興業株式会社」に統合，20 年に「森岡移民会社」も吸収合併し，唯一の国策移民会社に.	
1918（大正 7）	ブラジルへの年次出移民 2204 人で最多.	
1919（大正 8）	外務省，沖縄のブラジル移民を再規制. **12.23**「写真結婚」の女性への旅券発行停止を米政府に伝達.	**6.28** ベルサイユ条約で第一次世界大戦終結.
1920（大正 9）	戦後恐慌で沖縄は昭和初期にかけ「ソテツ地獄」に.	**12.17** 国際連盟で南洋群島が日本の委任統治領となり，沖縄移民増加.
1923（大正 12）	**9.1** 関東大震災.	**9.24** ペルーへの「契約移民」を乗せた最後の移民船，カヤオ港に到着. 以後ペルー移民は「呼び寄せ」のみに.

年	国　内	海　外
1924（大正 13）	5. 30 帝国議会，「海外移植民の保護奨励」を答申．ブラジルへの渡航費補助を拡大．11. 17 帰省中の平良新助の請願で，沖縄海外協会が発足．	7. 1「排日移民法」施行でアメリカ入国の門は閉ざされ，以後南米への渡航が中心となる．
1926（大正 15）	6. 22 外務省，沖縄のブラジル移民を条件付きで解禁．	3. 28 布哇沖縄海外協会設立．8. 22 沖縄移民の規制解除のため，在ブラジル沖縄人が「新来者を指導」する「球陽協会」を設立．
1929（昭和 4）	6. 10 拓務省を設置．満州移民を奨励．	10. 24 世界恐慌．
1931（昭和 6）	6. 26 金武村に當山久三の銅像建立．9. 18 満州事変勃発．	
1934（昭和 9）	6. 11 那覇市に開洋会館（移民会館）落成．	7. 16 ブラジル新憲法に日本人を狙った「外国移民二分制限法」が盛り込まれ，以後新移民は激減．
1936（昭和 11）	県，移民周旋業取締規則を移植民取扱営業取締規則に改め，統制組合を組織．	6. 26 ペルー「移民及び営業制限令」で日本人移民を規制．
1938（昭和 13）	4 月 沖縄の満蒙開拓青少年義勇軍 51 人，茨城県内原訓練所に入所．	12. 25 ブラジル政府の禁止令で，現地日本語学校 476 校がすべて閉鎖．
1939（昭和 14）	11 月 沖縄県は出稼ぎ移民から永住移民へと移民政策を転換，海外協会からの支度金支給，神戸，横浜，門司，鹿児島に海外協会出張所の開設を決める．	
1940（昭和 15）	5. 12 第 1 回満州開拓農民先遣隊 68 人が出発．	5. 13 ペルーのリマ市やカヤオ市で日本人商店を狙った大規模排日暴動が勃発．
1941（昭和 16）	3. 1 金武村と糸満小学校に県立沖縄拓南訓練所開設．	8 月 ブラジルで日本語新聞の発行禁止．12. 7 日本軍が真珠湾攻撃．米領フィリピンにも空襲（現地時間 8 日）．12. 10 日本軍ルソン島に上陸．
1942（昭和 17）		1 月 リオで汎米外相会議．アルゼンチンとチリを除く 10 か国が対枢軸国経済断交を決議．2 月 アメリカやカナダで日本人・日系人の強制収容が始まる．5. 6 フィリピンの米極東軍が日本軍に降伏する．
1943（昭和 18）	沖縄の満蒙開拓青少年義勇軍，このころまでに約 550 人．	7. 8 沖縄人の多いブラジル・サントスや周辺沿岸部で，日本人に「24 時間以内の退去」が命じられる．9. 22 ハワイ日系人主体の米軍「第百歩兵大隊」イタリアに上陸．

年	国　内	海　外
1944 (昭和 19)	10. 10 那覇市など県内各地に大規模な空襲.	4 月ブラジルで日本人の養蚕やハッカ生産を米軍向けと見なすデマが拡散, 過激派同胞による焼き討ち・破壊に遭う. 中心人物は在郷軍人の沖縄人. 10. 20 米軍, レイテ島に上陸, 翌年にかけフィリピンで総反撃.
1945 (昭和 20)	3. 26 米軍, 慶良間諸島に上陸. 6. 23 日本軍・牛島満司令官自害, 沖縄戦終結. 8. 15 玉音放送. 8. 20 米軍政府の諮問機関・沖縄諮詢会(志喜屋孝信委員長)が置かれる. 9. 28 舞鶴など 10 港が引揚港に指定され, 以後外地からの引き揚げが本格化.	7. 22 ブラジルで勝ち組組織「臣道連盟」が誕生. 玉音放送による終戦の報せも,「米国の謀略」「本当は日本が勝利した」というデマに埋没する. 11. 29 ハワイで「沖縄戦災被服救済委員会」発足.
1946 (昭和 21)	4. 24 沖縄民政府が発足.	3. 7 ブラジルで, バストスでの事件を皮切りに,「勝ち組」による「負け組」暗殺や, 両勢力の暴力事件が翌年 1 月まで数十件続発. 6. 23 日本視察から帰国した仲村信義, 幸地新政を中心に「在米沖縄救援連盟」が発足, 翌々年にかけペルー, ブラジル, カナダなどにも沖縄人の救援組織が拡大した. 7. 22 アメリカで「日本人花嫁法」が成立,「帰化不能外国人」とされてきた日本人「戦争花嫁」の米入国が可能に.
1947 (昭和 22)	10. 22「沖縄海外協会」再発足.	3 月ハワイ有志が沖縄に大学設立を目指す「沖縄救済更生会」を設立.
1948 (昭和 23)		9. 4「布哇連合沖縄救済会」が豚 550 頭を調達, 沖縄に送り出す.
1949 (昭和 24)		6. 5 沖縄で教育を受けた「帰来二世(米国で言う帰米二世)」が個別にブラジルに帰国し始める. 12. 25 ボリビア・リベラルタの県人会, 沖縄からの移民受け入れを決議.
1951 (昭和 26)	9. 8 サンフランシスコ講和条約締結, 米軍による沖縄統治継続が決まる.	9. 21「ハワイ沖縄人連合会」発足.
1952 (昭和 27)	4. 1 琉球政府発足.	12. 24 米国, 移民国籍法成立で日本人移民一世が米国籍取得可能に.
1953 (昭和 28)	4. 3 米国民政府,「土地収用令」を公布. 9 月外務省, 移民課を設置.	1. 18 本土の青年移民 51 人がサントスに上陸, ブラジルで戦後移民開始.
1954 (昭和 29)	1. 5 政府は公益法人「日本海外協会連合会」を設立. 3. 17 米国民政府,「軍用地料一括払いの方針」を発表.	8. 15 琉球政府によるボリビア第一次移民約 270 人, 現地到着. 10. 30 うるま病による初の死者.

年	国　内	海　外
1955 (昭和 30)	**7. 19** 宜野湾村伊佐浜地区，米軍に強制接収される．**7. 21** 伊江島住民による「乞食行進」(〜1956 年 2 月)．**9. 4** 米兵による幼稚園児の強姦殺人「由美子ちゃん事件」発覚．この月，沖縄県軍用地等地主会連合会による調査で，「住宅地を接収されて移動を余儀なくされた者」11855 戸の約 52% が海外移住を希望すると回答.	**2. 17** 青年会活動を母体とするブラジルへの「青年隊移民」開始．**5. 7** うるま入植者，避難地に移動開始，病死者は計 15 人に．**7. 27** サンファン移民の先駆けとなる「西川移民」88 人(本土移民)が，ボリビア・サンタクルス州に入植.
1956 (昭和 31)	**6. 20** 県内 64 市町村中 56 市町村で米軍の軍用地政策に反対する住民大会を開催，「島ぐるみ闘争」が始まる．**12. 25** 那覇市長選で瀬長亀次郎が当選.	日本政府の渡航費貸付が確認され，翌年以後，沖縄からブラジルへの呼び寄せ移民が急増．**9. 16** うるま入植者，オキナワ移住地へ入植開始.
1957 (昭和 32)	**8. 18** 伊佐浜の立ち退き 10 家族，「チチャレンカ号」でブラジルに旅立つ.	
1961 (昭和 36)		ドミニカ戦後移民(本土移民)249 家族の大半が悪条件下の開拓を断念，翌年にかけ帰国・転住．高度経済成長の影響もあり，以後海外移住は下火に.
1967 (昭和 42)		**5. 25** 皇太子夫妻が初のブラジル訪問，競技場の歓迎会に 8 万人参集.
1970 (昭和 45)	**12. 20** コザ市で米軍の横暴に反発した市民が，米兵の車両約 80 台を焼き払う「コザ暴動」が勃発.	
1972 (昭和 47)	**5. 15** 沖縄が本土復帰.	**5. 14** ハワイで「沖縄祖国復帰記念祝賀会」.
1973 (昭和 48)		**2. 14** 南米への最後の移民船「にっぽん丸」横浜を出港．**11. 17** ブラジル「報国同志会」の県出身勝ち組 3 家族，羽田空港に帰国.
1975 (昭和 50)	**7. 17** 皇太子夫妻が沖縄を訪問．**7. 20** 沖縄海洋博(〜1976年1月).	
1984 (昭和 59)	**1. 1**『琉球新報』で「世界のウチナーンチュ」連載開始(〜1985 年 12 月 28 日).	
1988 (昭和 63)		**8. 10** 米・レーガン大統領が戦争中の日系人強制収容を謝罪.
1990 (平成 2)	**6. 1** 入管法改正，日系人の就労が認められる．**8. 23** 第 1 回世界のウチナーンチュ大会開催(海外参加者約 2400 人).	**6. 16** ハワイ沖縄センターオープン．**7. 28** ペルーでフジモリ政権誕生．県系二世サムエル・マツダは 2 期与党国会議員となる.

年	国 内	海 外
1995（平成7）	**9. 4** 米兵3人による少女暴行事件.	**6. 12** フィリピン残留日本人（二世）32人が日本国籍回復を求め集団帰国.
1996（平成8）	**4. 12** 日米が普天間飛行場の返還に合意.	
1997（平成9）		**9. 1** ウチナーンチュの国際連携を目指す「世界ウチナーンチュ・ビジネス会議」がホノルルで開催され，その協議で「WUB（世界ウチナーンチュ・ビジネス・アソシエーション）」の翌年設立が決まった.
2000（平成12）	**7. 21** 九州・沖縄サミット.	ブラジルで日本人の勝ち負け抗争を描いたノンフィクション『汚れた心』（F・モライス著）がベストセラーに．反発した日系知識人は以後，当時の移民社会分裂や無差別逮捕の背後に人種差別政策があったとする著作やドキュメンタリーを発表するようになる．**8. 6** キューバ沖縄県人会発足.
2012（平成24）		**7. 25** ブラジルで「第1回世界若者ウチナーンチュ大会」開催.
2014（平成26）	**11. 16** 知事選で「反辺野古」を訴え，翁長雄志が当選.	**12. 1** ハワイ三世のデービッド・イゲ，初の県系ハワイ州知事に就任.
2016（平成28）	**10. 27** 第6回世界のウチナーンチュ大会開催（～30日，約7300人．10月30日を「世界のウチナーンチュの日」に制定）.	
2018（平成30）	**9. 30** 翁長死去に伴う知事選で後継の玉城デニーが当選.	**4月** ブラジルの県人会は戦争中のサントスでの住民強制立ち退きについて，ブラジル政府に真相解明と謝罪を求める方針を決定．**12. 7** ハワイ県系四世ロバート・カジワラが，辺野古埋め立ての停止を求めるホワイトハウス・サイトへの署名運動を展開，1か月で約20万筆を集める.

（注）『沖縄県史7 各論編6 移民』，『金武町史 第一巻 移民・資料編』，櫻澤誠『沖縄現代史――米国統治，本土復帰から「オール沖縄」まで』などを参照して作成.

主要参考文献一覧

安慶名良信「私の微かな力」，1963年

安仁屋晶『コンドルの舞う国――ボリビア移住記』，2006年

天野洋一『ダバオ国《クオ》の末裔たち――フィリピン日系棄民』，風媒社，1990年

新垣安子「フィリピンから日本へ――戦争で故国を離れた母のこと」（ミリネ編，皇甫康子責任編集『家族写真をめぐる私たちの歴史』御茶の水書房，2016年所収）

――「差別をめぐる私の体験――フィリピン人の母をもつ沖縄人として」（『部落解放』735号，解放出版社，2017年所収）

新川明「悲惨なる逆説――帰ってきた"勝ち組"についての覚え書」（『新沖縄文学』28号，沖縄タイムス社，1975年所収）

――「苦渋と悔恨――ブラジル"勝ち組"再訪記」（『新沖縄文学』45号，沖縄タイムス社，1980年所収）

石田甚太郎『米軍に土地を奪われた沖縄人《うちなんちゅ》――ブラジルに渡った伊佐浜移民』，新読書社，1997年

伊波妙子「豚輸送と具志川との関わり」（『具志川市史だより』第14号，1999年所収）

上野英信『出ニッポン記』，社会思想社，1995年

――『眉屋私記』，海鳥社，2014年

上野英信・大城立裕・小松勝・西原文雄・新崎盛暉「座談会 沖縄にとって移民とは何か」（『新沖縄文学』45号，沖縄タイムス社，1980年所収）

上野英信追悼文集刊行会編『上野英信と沖縄』，ニライ社，1988年

上野英信追悼録刊行会編『追悼 上野英信』，裏山書房，1989年

大里康永『沖縄の自由民権運動――先駆者謝花昇の思想と行動』，太平出版社，1969年

――『平良新助伝』，1969年

――『謝花昇伝――沖縄解放の先駆者』，太平出版社，1971年

大城立裕『ノロエステ鉄道』，文藝春秋，1989年

大田昌秀『沖縄人とは何か』，グリーンライフ，1980年

――『沖縄戦下の米日心理作戦』，岩波書店，2004年

大田昌秀・佐藤優『沖縄は未来をどう生きるか』，岩波書店，2016年

大野俊『ハポン――フィリピン日系人の長い戦後』，第三書館，1991年

岡野宣勝「戦後ハワイにおける「沖縄問題」の展開――米国の沖縄統治政策と

沖縄移民の関係について」(『移民研究』第4号，琉球大学沖縄移民研究センター，2008年所収)
沖縄県教育委員会編『沖縄県史7 各論編6 移民』，国書刊行会，1974年
沖縄県教育庁文化財課史料編集班編『沖縄県史 各論編8 女性史』，沖縄県教育委員会，2016年
沖縄県立総合教育センター「琉球文化アーカイブ」(http://rca.open.ed.jp/index.html)
沖縄市企画部平和文化振興課編『インヌミから――50年目の証言』，沖縄市役所，1995年
賀数箸次『日米開戦当時のイヌ物語』
鹿野政直『戦後沖縄の思想像』，朝日新聞社，1987年
川満信一「飢餓の原基――伊佐浜土地闘争と移民」(『沖縄・自立と共生の思想――「未来の縄文」へ架ける橋』，海風社，1987年所収)
蒲原廣二『ダバオ邦人開拓史』，日比新聞社，1938年
宜野湾市伊佐誌編集委員会『伊佐誌』
宜野湾市史編集委員会編『宜野湾市史 第一巻 通史編』，宜野湾市教育委員会，1994年
――『宜野湾市史 第七巻 資料編六 新聞集成Ⅲ・上』，宜野湾市，1988年
金城艶子「落ち穂」(『琉球新報』コラム，2015年7月28日〜12月8日)
金城宏幸「ディアスポラの記憶としての「移民」と現代沖縄社会」(『移民研究』第1号，琉球大学学術リポジトリ，2005年所収)
――「海からチムグクルがやってくる――定量調査に見るウチナーンチュの越境的コミュニティ」(我部政明・石原昌英・山里勝己編『人の移動，融合，変容の人類史――沖縄の経験と21世紀への提言』，彩流社，2013年所収)
金武町史編さん委員会編『金武町史 第一巻 移民・本編』，金武町教育委員会，1996年
――『金武町史 第一巻 移民・証言編』，金武町教育委員会，1996年
――『金武町史 第一巻 移民・資料編』，金武町教育委員会，1996年
国場幸太郎「沖縄の人びとの歩み――戦世《いくさゆ》から占領下のくらしと抵抗」(森宣雄・鳥山淳編著『「島ぐるみ闘争」はどう準備されたか――沖縄が目指す〈あま世《ゆー》〉への道』，不二出版，2013年所収)
コロニア・オキナワ入植40周年記念誌編纂委員会編『うるまからの出発《たびだち》――コロニア・オキナワ入植40周年記念誌』，1995年
櫻澤誠『沖縄現代史――米国統治，本土復帰から「オール沖縄」まで』，中公新書，2015年
佐藤虎男『フィリピンと日本――交流500年の軌跡』，サイマル出版会，1994年

下嶋哲朗『豚と沖縄独立』，未来社，1997年
白水繁彦・鈴木啓編『ハワイ日系社会ものがたり——ある帰米二世ジャーナリストの証言』，御茶の水書房，2016年
関礼子「「豚」がプロデュースする「みんなの戦後史」——グローバルな社会と沖縄戦後史再編」(好井裕明・関礼子編著『戦争社会学——理論・大衆社会・表象文化』，明石書店，2016年所収)
相賀安太郎(渓芳)『五十年間のハワイ回顧』，「五十年間のハワイ回顧」刊行会，1953年
第6回世界のウチナーンチュ大会実行委員会『第6回世界のウチナーンチュ大会 報告書』，2017年
高橋幸春『日系人 その移民の歴史』，三一書房，1997年
高山朝光「65周年迎えるハワイ移民」(『沖縄タイムス』1965年5月23〜30日)
——「90周年迎えたハワイ移民」(『沖縄タイムス』夕刊，1990年6月14〜16日)
澤岻悦子『オキナワ・海を渡った米兵花嫁たち』，高文研，2000年
玉木良子『大洋にかける橋』，2011年
坪居壽美子『かなりやの唄——ペルー日本人移民激動の一世紀の物語』，連合出版，2010年
鳥越皓之『琉球国の滅亡とハワイ移民』，吉川弘文館，2013年
仲宗根誌編集委員会『仲宗根誌』
仲原善徳『比律賓紀行』，河出書房，1941年
仲嶺真助『仲嶺真助自伝——沖縄系帰米二世九十年の生涯を顧みて』，新報出版，2002年
名護市史編さん委員会編『名護市史本編・5　出稼ぎと移民Ⅰ　総括編・地域編』，名護市役所，2008年
——『名護市史本編・5　出稼ぎと移民Ⅱ　出稼ぎ＝移民先編(上)』，名護市役所，2008年
——『名護市史本編・5　出稼ぎと移民Ⅲ　出稼ぎ＝移民先編(下)』，名護市役所，2008年
——『名護市史本編・5　出稼ぎと移民Ⅳ　戦後編・展望』，名護市役所，2008年
並里区写真集編纂委員会『写真集並里——世紀を越え未来へ』，並里区事務所，2001年
日本移民80年史編纂委員会編『ブラジル日本移民八十年史』，移民80年祭祭典委員会，ブラジル日本文化協会，1991年
野本一平『宮城与徳——移民青年画家の光と影』，沖縄タイムス社，1997年

春名幹男『秘密のファイル(上)——CIAの対日工作』，共同通信社，2000年
半田知雄『移民の生活の歴史——ブラジル日系人の歩んだ道』，サンパウロ人文科学研究所，1970年
比嘉栄一「「勝ち組」の浦島太郎といわれて」(『文藝春秋』1974年2月号，文藝春秋所収)
比嘉康文『「沖縄独立」の系譜——琉球国を夢見た6人』，琉球新報社，2004年
比嘉武信編著『新聞にみるハワイの沖縄人90年 戦前編』，若夏社，1990年
比嘉太郎『ある二世の轍』，ハワイ報知社，1982年
比嘉太郎編著『移民は生きる』，日米時報社，1974年
比屋根照夫『自由民権思想と沖縄』，研文出版，1982年
深沢正雪『「勝ち組」異聞——ブラジル日系移民の戦後70年』，無明舎出版，2017年
藤崎康夫『陛下は生きておられた！——ブラジル勝ち組の記録』，新人物往来社，1974年
藤崎康夫編『写真・絵画集成 日本人移民 2ブラジル』，日本図書センター，1997年
ブラジル沖縄県人会編『ブラジル沖縄県人移民史——笠戸丸から90年』，移民史刊行委員会，2000年
フランクリン王堂・篠遠和子『図説ハワイ日本人史 1885-1924』，B. P. ビショップ博物館人類学部・ハワイ移民資料保存館，1985年
古川義三『ダバオ開拓記』，古川拓殖株式会社，1956年
平敷屋字誌編集委員会編『平敷屋字誌』，平敷屋区自治会，1998年
ペルー新報社編『在ペルー邦人75年の歩み 1899年～1974年』，ペルー新報社，1974年
北米沖縄人史編集委員会編『北米沖縄人史』，北米沖縄クラブ，1981年
ボリビア日本人移住100周年移住史編纂委員会編『日本人移住100周年誌 ボリビアに生きる』，ボリビア日系協会連合会，2000年
松本浩治「伊佐浜移民澤岻安信さんの足跡」(ブラジル沖縄県人移民研究塾同人誌『群星《むりぶし》』第2号，2016年所収)
三木健『沖縄ひと紀行』，ニライ社，1998年
——『アメリカ・エスニック紀行——沖縄記者の大陸感情ルポ 1990』，ニライ社，2010年
宮城悟『哀愁のB級ホテル』，燦葉出版社，2014年
三山喬『日本から一番遠いニッポン——南米同胞百年目の消息』，東海教育研究所，2008年
向一陽『アンデスを越えた日本人——聖母の川を下る』，中公新書，1980年

村山明徳『比律賓概要と沖縄県人』，ダバオ沖縄県人会，1929年
八木宣貞『五十年前後の思い出』，1962年
矢口祐人『ハワイの歴史と文化――悲劇と誇りのモザイクの中で』，中公新書，2002年
安冨成良「日本人花嫁法(1947年)と日系社会」(『嘉悦大学研究論集』83号，2003年所収)
――「アメリカ本土の戦争花嫁と日系コミュニティ」(『JICA横浜海外移住資料館研究紀要』5巻，2010年度所収)
屋比久孟清編著『ブラジル沖縄移民誌』，在伯沖縄県人会，1987年
山里慈海『ハワイ今昔ノート』，琉球新報社，1990年
山下靖子「ハワイの「沖縄系移民」と沖縄返還」(『国際関係学研究』No. 28，津田塾大学紀要委員会，2001年所収)
――「ハワイの「沖縄系移民」と沖縄帰属問題(1945-1952)」(『国際関係学研究』No. 29，津田塾大学紀要委員会，2003年所収)
――『『今日の琉球』及び『守礼の光』にみるハワイの「沖縄系移民」と沖縄返還問題』(『沖縄関係学研究会論集』第9号，沖縄関係学研究会，2006年所収)
琉球新報社編『戦後政治を生きて――西銘順治日記』，琉球新報社，1998年
琉球新報社編集局編『世界のウチナーンチュ2』，ひるぎ社，1986年
――『世界のウチナーンチュ3』，ひるぎ社，1986年
琉球大学沖縄移民研究センター『移民研究』第12号(特集「文化共有集団による越境的ネットワークの国際比較研究――ウチナーンチュとバスク人をめぐって」)，琉球大学，2016年
若槻泰雄『外務省が消した日本人――南米移民の半世紀』，毎日新聞社，2001年
湧川清栄『時代の先駆者當山久三――沖縄現代史の一節』，在布哇金武村人有志主催故當山久三氏伝記編纂会，1953年
――『沖縄民権の挫折と展開――当山久三の思想と行動』，太平出版社，1972年
――「ハワイ沖縄県人の思想活動抄史」(『季刊沖縄』創刊号，那覇出版社，1979年所収)
湧川清栄遺稿・追悼文集刊行委員会編『アメリカと日本の架け橋・湧川清栄――ハワイに生きた異色のウチナーンチュ』，ニライ社，2000年